Hans Mehlin

Die Hotzenwälder Anna

und ihr Mühlespiel

Alemannisches Intermezzo

Eine Familiennovelle

Zitate zum Spiel bündeln die Erfahrungen in treffenden Worten und können dem eigenen Denken Impulse geben:

Alle großen Erfolge müssen beim Spiel anfangen. (Wilhelm Ludwig Wekhrlin, Zeit der Aufklärung)

Denn der Mensch ist nur ganz Mensch, wenn er spielt. (Friedrich Schiller über die ästhetische Erziehung)

Das Spiel par excellence ist die Kunst (Raoul Löbbert)

Die Ordnung des Spiels bringt es mit sich, daß die Kleinen die Kegel aufsetzen, wenn die Großen miteinander kugeln. (Wilhelm Ludwig Wekhrlin, s.o.)

Wer die Spielregeln aufstellt, gewinnt auch. Das ist der Sinn der Spielregeln. (Aurel Schmidt, Basler Kulturred.)

Sprache ist ein Spiel und muß immer wieder neu ausgehandelt werden. (Ludwig Wittgenstein)

Der Autor

Nach dem humanistisch-altsprachlichen Abitur in Lörrach und dem Wehrdienst bei der Feld-Artillerie studierte Hans Mehlin Forstwirtschaftwissenschaften in Freiburg und Wien. Basel ist ihm seit der Kindheit vertraut, da diese Schweizer Grenzstadt der Kulturraum seiner Heimatstadt Weil am Rhein war. Im Berufsleben lernte er dann das Hotzenwälder Gemüt kennen.

Mehlin wurde Forstbeamter bei der Landesforstverwaltung; ab dem Jahr 1986 Referent der Forstdirektion Freiburg und arbeitete davor in den Forstdienststellen Freiburg, Kandern, Breisach, Waldshut, an der Universität Freiburg und bei der Forstlichen Versuchs- und Forschungsanstalt in Freiburg. Als wissenschaftlicher Assistent promovierte er an der Freiburger Forst - Ökonomie und war von 1986 – 2002 Lehrbeauftragter. Über 26 Jahre leitete er das Staatl. Forstamt in Bad Säckingen. Der Forstdirektor war im Ehrenamt Naturschutzbeauftragter im Landkreis Waldshut, schwerpunktmäßig im Hotzenwald.

Den familiären alemannischen Dialekt konnte er im Deutsch-Schweizer Grenzgebiet am Hochrhein und im Hotzenwald beibehalten. Die alemannische Dialektsprache seiner Ahnen verwendet Mehlin im Büchlein und erläutert sie im Glossar. Hans Mehlin zog 2002 von Bad Säckingen in den Hotzenwald.

Mit der Familiennovelle hat der Autor seiner Uroma Anna ein < autofiktionales Denk-Mal > gesetzt. Die Erzählung mit den alemannischen Einschüben hält sich an familiäre, überlieferte Schauplätze und an die Familiengeschichte der beschriebenen Personen. Im Nachspiel folgt Annas umfassender Lebensweg.

Das Vorspiel

Uroma Anna liebte das Mühlespiel. Sie richtete ihren Willen im Leben nach dessen Spielregeln. Die junge Hotzenwälderin wollte aus der Armut und aus dem ländlichen Zwang heraus. Ihr Dorflehrer unterstützte seine Schülerin so gut er konnte:

Der Lehrer erklärte dem Schulmädchen Anna das Mühlespiel. Sie solle in der < *Setzphase* > der Steine am Anfang auf die gute Beweglichkeit achten. Am besten zwei offene Mühlen anlegen, bevor sie ihre erste Mühle schließen könne. Dann sei die < *Zugphase* > in der Folge die hohe Kunst des Brettspiels. Zwickmühlen bilden bringe den besten Vorteil, um die Steine zwischen zwei Mühlen ständig hin und her zu ziehen. Dadurch könne man dem Gegner ohne Gefahr einen Stein abnehmen. Für die Beweglichkeit im Spiel sei es gut, Kreuzungen in der Spielmitte zu belegen. Dort eröffneten sich Chancen. Es sei nicht immer sinnvoll, eine Mühle schnell zu schließen. Gerade im innersten Quadrat schränke eine früh geschlossene Mühle eigene Zugmöglichkeiten ein. Die Züge sollen geplant werden.

Schließlich entscheide oft die < *Sprungphase* > im Spiel, wenn ein Spieler nur noch über drei Steine verfüge. Dann dürfe er seine Steine auch von einem beliebigen Punkt zu einer freien anderen Stelle bewegen. Normalerweise sei der Spieler mit Initiativen im Vorteil. Das gelte am Spielanfang für die weißen Steine. Weiß bedeute im Spiel die erste Aktion und bestimme die freie Gestaltung im Ablauf. Schwarze Steine erforderten die ständige Reaktion des Spielers auf den weißen Spielzug. Die < *Spielregeln und gute Spielzüge* > bestimmten das Spiel. Beim Spielende bleiben dem Verlierer nur noch < *Sprünge* >.

Hans Mehlin

Die Hotzenwälder Anna

und ihr Mühlenspiel

Alemannisches Intermezzo

© 2021
Herstellung und Verlag: BoD – Books on Demand,
Norderstedt
ISBN: 978-3-7534-6131-1

Inhaltsverzeichnis

In Armut und Not

Richard Keller war mit seinen Töchtern Anna, Steffane und
Pauline über den < *Bühl* > zum Ostergottesdienst gestapft. Es
lagen immer noch fünfzehn Zentimeter Schnee. Das kirchliche
Hochamt der Osterkirche 1890 war nun beendet. Anna nahm
Abschied von den Dorfbewohnern in Herrischried. Die Mutter
Marianne wartete mit der Tochter Marie im Haus, denn < *das
Sauwetter und der Brusthusten* > waren für beide nicht gut.
Auf dem Strohdach des alten Hotzenhauses lag noch Schnee.
Die langen Eiszapfen des harten Winters tauten in Tropfen ab.
Kleine Rinnsale in den Feuchtwiesen schmolzen den Schnee.

< *Hol mir mol d' Fläsche mit'm Bräntz zum Ufwärme* > murrte
der Vater zu Marianne als sie im < *Schild* >, dem überdachten
Vorraum mit der Feuerstelle und Rauchfang, zurück waren.
Dann legte er Teile der < *Montur* > ab. Die dunkle, speckige
Pelzkappe, den abgewetzten Samttschobe ohne Kragen und
Knöpfe sowie den mit Samtstreifen verbrämten Brustlatz,
während er das gefältelte Hemd mit dem breiten Kragen für
den Mittagsbesuch vom Lehrer und vom Kaplan anbehielt.
Dann nahm er einen kräftigen Schluck vom selbstgebrannten
< *Bräntz* >. Seine gefältelte Pluderhose, die < *Hotze* >, und die
alten Stiefel blieben mit dem Seufzer < *jetzt goht's besser* > an
den Beinen. Die Töchter legten die schwarzen Pelzkäppli, die
bestickten Mieder und die gefältelten Überröcke ebenso ab.
Sie schlüpften aus den löchrigen Stiefeln und baten die kranke
Mutter um heißes Wasser vom Herd, um die eiskalten Füße
zu wärmen. Auf dem Feuer hatte Marianne kleine Kartoffeln
und Kraut, < g'schwellti *Herdöpfel und Schlempe* mit Speck >,

zubereitet, der den < sechs hungrigen Mäulern Faißes > gab.
Sie nahmen ihre Holzlöffel und aßen aus der großen Schüssel,
die auf dem Tisch stand. Davor bekreuzigten sie sich stumm.

Der Kachelofen, die < *Chauscht* >, wärmte die niedere Stube.
Über dem Ofen hing das hölzerne Wäschegestell, um feuchte
Kleider zu trocknen. In der kalten Zeit saßen und lagen sie auf
der warmen Bank. Im Winter war die Stube im schummrigen
Tageslicht unter dem tief herabgezogenen Dach der einzige
Ort, der mit einigen Klafter Brennholz immer befeuert wurde.
Die Mutter erzählte gern alte Geschichten und sang dann mit
ihren Töchtern: < *in Mueders Stübeli, do goht e hm hm hm* >.
Das Spinnrad surrte und drehte die Schafwolle auf der Spindel
zum Faden. Da war der < *fromme Herrgottswinkel und farbige
Heiligenbilder* > sowie ein < *Holzchästli* > für die Briefe, Akten
und < *sell ander Schriebzüg* >. Wenn es dunkelte, wurde eine
< *Funzel* > angezündet. Dann war es Zeit, < *Bettfläsche* > mit
heißem Wasser < *us' m Schiff im Herd* > für das Bett zu füllen.

Die älteren Brüder der Mädchen waren 1870 in Mannheim
zum Frankreichfeldzug eingezogen worden. Sie dienten im
Badischen Grenadier-Regiment Nr. 110 Kaiser Wilhelm I.
Seither gab es keine Lebenszeichen mehr. Ob sie bei Dijon
oder schon bei Straßburg gefallen waren, wußten der Vater
Richard und seine < *fünf Wieber* > nur ungefähr. Er haderte,
daß er die kräftigen Burschen nicht mehr hatte. So mußte er
allein pflügen, mähen, dreschen oder Brennholz einschlagen,
wobei die junge Tochter Pauline auch schon zupacken lernte.

Der Vater brummte vor sich hin < *s' isch alles nüt me, wenn
me keine Bursche me zum Schaffe het* >. Denn der Boden war

karg, die Wiesen am Drillenbach feucht, und ein Ochse, eine
Milchkuh, zwei Schweine und Hühner waren für die spärliche
Selbstversorgung der Familie kaum ausreichend. Es herrschte
Hunger und Not, aber ebenso viel Vertrauen auf Gottes Hilfe.
Jetzt im April war nur noch wenig < *Surkrut und Schlempe* >
und kaum geräucherter Speck, Blutwurst oder Leberwurst da.
Man erwartet den < *Säutod* > zur Schlachtung erst im Mai, um
wieder Fleisch, Wurst und Speck in den Rauchfang zu hängen.
Bis dahin gab es < *Mehlsuppe und Brägel* >, Haferschleim und
auch süßes Mus, gedörrtes Obst oder vorjährige Waldbeeren.
Mehl, Salz und das wöchentliche < *Buttern* > im Butterfaß war
in der harten Winterzeit unverzichtbar zum Leben. Der Hof
hatte kaum Bareinnahmen, denn das Dorf Großherrischwand
war im < *Hinteren Hotzenwald* > zu weit von den Textilfirmen
im Rheintal entfernt für die Heimarbeit mit Haus-Webstühlen.

Am Osternachmittag hatte Vater Richard sein < *Tubakspfifli* >
angezündet, und der qualmige Knastergeruch füllte die Stube.
Die Töchter begrüßten ihren beliebten Lehrer freundlich, der
zum Osterbesuch eine Kanne Bier mitgebracht hatte, die
beide Männer und der später eintreffende Kaplan tranken.
Alle Kinder von Richard und Marianne Keller gingen bei ihm
zum Schulunterricht und waren in einer gemeinsamen Klasse.
Die fünfzehnjährige Anna war seine beste Schülerin gewesen.
Im Rechnen, im Lesen und im Schreiben hatte sie gute Noten.
Einmal gehört, lernte sie Texte, Gedichte oder die Liederverse
ohne Mühe auswendig. Zur Begabung kam auch Fleiß hinzu.
Sie durfte die jüngeren Schüler im Lehrstoff abhören und war
dem Lehrer eine Hilfe, wenn er verschiedenen Altersstufen in

seiner Klasse mit unterschiedlichen Aufgaben unterrichtete. Schon vor einem Jahr hatte sie die Volkschule abgeschlossen.

Das Bier war nun von der Kanne in die Steinkrüge gefüllt und der Vater, der Lehrer und der zwischenzeitlich angekommene Kaplan Motsch prosteten sich gegenseitig zu. Die < *Wieber* > saßen auf der < *Chauscht* > und hörten die Gespräche still an. < *Richard, deine Anna hätte das Zeug für eine Lateinschule, wenn sie ein Bub statt ein Mädchen geworden wäre* > sagte der Lehrer, der ein Freund Bismarck'scher Sozialgesetze war und Anna im Jahr immer wieder mit Lesestoff versorgt hatte. < *Für Frauen ist die Bibel wichtiger als die Sozialistenschriften, wenn sie Kinder im katholischen Glauben erziehen sollen* >, meldete sich der junge Kaplan, der den Schülern Katechismus lehrte und sie zur Kommunion vorbereitet hatte. Diese hatte Anna vor fünf Jahren beim alten Pfarrer Kaiser in Herrischried empfangen. Nun gingen ihre Schwester Marie und die schöne Steffane in die Glaubenslehre bei Kaplan Motsch. Pauline war noch jünger und sah den eifernden Kaplan schwärmend an.

Doch Vater Richard entgegnete, daß weder der Lehrer noch der Kaplan sein Problem löse, da er es nicht mehr schaffe, ohne die gefallenen Söhne fünf Frauen im Haus zu ernähren. Die Mädchen sind zu jung, um unter die Haube zu kommen. Also müssen Anna und Steffane ihr Brot auswärts verdienen. Marie sei zu schwach. Die junge Pauline sei ihm eine gute Hilfe auf dem Feld, im Wald und bei allen anderen Arbeiten. Deswegen habe er am Lichtmeßtag mit dem Mettlenbauer vereinbart, daß Anna als Magd bei ihm auf dem Hof arbeite. Für Kost und Logis. Jeweils zu Martini 10 Mark Lohn für die Bauernmagd. Am Ostermontag sei die Ankunft abgesprochen.

Richard trank den Bierkrug in einem Zug aus und blickte in Richtung des Lehrers und des Kaplans am Stubentisch. Eine Last fiel von seinen Schultern, da er die unerbittliche Notlage angesprochen hatte: < *Armut, Hunger und Krieg* > belasteten. Er wäre ehemals lieber mit seiner Schwester ausgewandert! Der Lehrer und der Kaplan blickten stumm auf den Tisch, da beiden im Gegensatz zur Familie die Rede Richards neu war.

Kaplan Motsch bat die fünf Frauen an den Stubentisch und begann den Psalm 23 zu beten: < *Der Herr ist mein Hirte* >. Die Mädchen beteten laut mit. Vater und Lehrer schwiegen. Als der Psalm beendet war, holte Richard neuen < *Bräntz* > hervor und bot beiden Gästen einen Schluck auf den Schreck. Der Lehrer lehnte ab und wandte sich nun der reisefertigen Anna zu: < *Ich habe Dir wie üblich Lesestoff mitgebracht. Nun zum Abschied meinen Liebling von Gustav Freytag. Den ersten Band von < Soll und Haben >. Die weiteren Bände des Romans folgen ihm beim nächsten Besuch* >. Spontan schrieb er eine Widmung zum Abschied für seine bisher beste Schülerin in den Band. Dann übergab er das Buch mit einem lieben Wort an Anna. Dabei zog er sie an sich und umarmte das Mädchen. Anna blieb stumm, errötete und wurde gewahr, daß sie in ihrem Lehrer nun einen Gönner gefunden hatte. Danach stürzte sie mit dem Geschenk aus der Stube, kam sofort wieder zurück und dankte ihm überschwänglich. In diesem Augenblick war ihr klar geworden, daß der Volksschullehrer sie stark gefördert hatte. Ohne ihn hätte sie in einem Dorf außer der Bibel und Katechismus weder Bücher noch Hefte bekommen. Umgekehrt wurde dem Lehrer bewußt, daß er seine beste Schülerin tief ins Lehrerherz geschlossen hatte.

Unterdessen widmete sich Kaplan Motsch im Laubengang der hustenden Mutter und der schwächlichen Marie, da sie heute am Vormittag nicht in die festliche Messe gekommen waren. Er sprach über Jesu Opfertod am Karfreitag und die christliche Auferstehung an Ostern. Danach beteten sie mehrmals innig den < *Marianischen Rosenkranz* >. Der Kaplan verabschiedete sich von ihnen mit dem Segen < *der Friede Gottes ist höher als alle Vernunft* >. Für Anna bat er um Gottes Milde und Gnade.

Der Lehrer wollte im restlichen Nachmittag mit den Mädchen wie oft nach dem Unterricht Mühle, < *Nüni-Schtei* >, spielen. Zuerst war die junge Pauline an der Reihe: Er erklärte ruhig, daß sie in der < *Setzphase* > der Steine klug im Hinblick auf Mühlen setzen soll. Am besten sei, gleich zwei offene Mühlen versuchen bevor sie die erste Mühle schließen könne. Dann in der < *Zugphase* > immer wieder Zwickmühlen aufbauen, um die Mühlsteine zwischen zwei Mühlen hin und her zu ziehen.

Das Nesthäkchen war verdutzt über die ständige Ansage des Lehrers bei ihrem Mühlespiel, wobei sie alle Spielzüge richtig ausführte und den Sieg zum Greifen vermutete. Nun kam ihr Gegner in die < *Sprungphase* > mit den letzten drei Steinen. Das könne die besten Spielzüge in Frage stellen, sprach der Lehrer, denn es gehe nur noch um < *Sieg oder Niederlage* >. Dann beendete der Lehrer das Mühlespiel mit Pauline durch einige Sprünge, die er sich im Spielplan gut ausgedacht hatte. So seien eben die Spielregeln erklärte er dem besiegten Kind.

Nun war die Reihe an Anna, mit ihrem ehemaligen Lehrer das Mühlespiel auszutragen. Anna wählte die schwarzen Steine. Beide waren hoch konzentriert. Anna vor Anspannung mit einem geröteten Gesicht. Der Lehrer fixiert auf das Spielfeld. Man hörte nur ein leises < *Klacken* > beim Setzen der Steine. Rund um den Stubentisch war es still geworden. Dann hörte man das < *leicht schleifende Geräusch* > der Zugbewegungen. Nun hatte auch der Lehrer ein gerötetes Gesicht, denn Anna konnte zwei Zwickmühlen bedienen und räumte die weißen Steine des Lehrers ab, bis er noch drei Steine im Spiel hatte. Man hörte jetzt weitere < *Klackgeräusche in der Sprungphase des Mühlespiels* >. Es gelang Anna, die Sprünge des Lehrers zu blockieren. So hatte sie den Lehrer < *mit Schwarz* > besiegt.

Die Schwestern gratulierten Anna zum Sieg beim Mühlespiel. Ihre Mutter weinte ein paar Freudentränen für Anna, und der Vater hatte ein lustiges Lächeln zwischen seinen Sorgenfalten. Dann wollte der Lehrer heim. Das Wetter war am Nachmittag schöner geworden. Der blaue Himmel und die Abendsonne zauberten mit den Vogelstimmen eine Abschiedsstimmung über die ruhige, weite Landschaft, die Frieden stiftete. Anna bat den Vater um Erlaubnis, den Lehrer bis zum Schulhaus zu begleiten. Diesen Wunsch nahm der Lehrer sofort auf < *Deine Tochter kennt ihren Schulweg bestens und es ist draußen noch nicht dunkel geworden. Es ist für mich Zeit zum Heimweg* >.

Anna trug die leere Bierkanne des Lehrers auf dem Heimweg mit großer Sorgfalt. Als ob sie den Erfolg und die Freude, die ihr das Mühlespiel bereitet hat, in dieser Kanne halten wollte. Im Gegenlicht der tief stehenden Abendsonne waren beide nur noch als Schatten zu erkennen. Der Lehrer mit Gesten beim Gehen. Je weiter sich die beiden vom Haus entfernten, desto enger verschmolzen beide Schatten zu einer einzigen Silhouette. Was sie sprachen, blieb ihr Abschiedsgeheimnis.

Auf dem Mettlenhof

Da Richard und Anna weder Pferd noch Wagen für die Strecke vom Hotzenwald zum Mettlenhof hatten, gingen sie zu Fuß. Richard kannte diese Pfade aus seiner Jugend, als er noch mit dem Hausiergestell auf dem Rücken nach Wehr oder nach Säckingen zu den Wochenmärkten ging. Er hatte auch heute am Pfingstmontag seine < *Wälder-Montur und den schwarzen Strohhut mit dem Samtband* > an. Auf dem Rücken trug er im Gestell das verknotete Leinentuch mit dem Krempel und dem Plunder seiner Tochter. Anna folgte ihm in kurzem Abstand auf dem steinigen Weg. Bekleidet mit einem gefältelten Rock und einer groben Jacke. Auf dem Kopf mit dem < *Schühhut* >, den sie gern in der Sonne trug. An ihrem Arm trug sie einen < *Ridikül* >, in dem sie ihre Habseligkeiten und kleinen Schätze verwahrte: Die Bibel, ein Bild der jungen Großherzogin Luise, die neuen sozialistischen Schriften des Lehrers und dessen Buchgeschenk, Gustav Freytags Roman < *Soll und Haben* >.

Mit der Morgensonne im Rücken waren sie bereits über Rütte bis zur Guffertsmatt gestapft. Der eisige Schnee knirschte laut unter den Schuhen. In der Kälte war er griffig. Richard hatte den kürzesten Weg in Richtung Mettlen ausgesucht. Am Ende des Herrischrieder Ödlands stiegen sie die Wiedenmatt hinab. Auf dem steilem Pfad am tosenden Sägebach herunter bis zur Wehra, die dreihundertfünfzig Meter tiefer von Todtmoos aus zuströmte. Für den Abstieg ins Tal hatte Richard am Wegrand Haselstöcke geschnitten. Denn am Bach entlang war es sehr rutschig. Die ersten Weidenkätzchen blühten im Vorfrühling. Als sie ohne Sturz zur Wehratalbrücke herabgestiegen waren erklärte Richard den weiteren Wegverlauf: < *Jetzt göh' mer uf de Wehratal-Strooß und stiege d' steili Mettlegrabe uffe. In' ere halbe Stunde chöme mer in dienere neue Heimet a. Dann wirsch d' Mettler erlebe. Das isch e anderi Welt als unseri* >.

Der Mettlenbauer saß am Tisch vor dem Bauernhof und hielt Ausschau nach den beiden < *Hotzenwälder* >. Als er sie unten am Waldrand erkennen konnte, rief er seiner Frau Martha in der Küche zu: < *Sie chöme, d' Richard un' s neu Maidli! Hol de Most us em Cheller, s' isch Fiertig* >. Den Ankömmlingen rief er ebenso laut zu: < Gott's *Willche Wälder! Do bring'sch uns e buschber jung Maidli mit* >. Die Bäuerin Martha erschien bald mit dem erbetenen Trank. Hinter ihr die alte Magd mit einem Krug Milch und vier Bechern, um die durstigen Leute zu laben.

Die Mettlerin begrüßte nun Vater und Tochter und schenkte einen gehörigen Schluck Most für die zwei Männer ein. Anna knickste und erhielt einen Becher Kuhmilch, damit du < *roti Backe kriegsch* > wie die Mettlerin sagte und den prüfenden Blick aufs Maidli richtete. Martha trug ihre Sonntagskleider, als ob sie < *no neume ane goh wott* >. Dabei schaute sie mit abschätzender Miene auf Annas abgetragene, alte Kleidung.

Der alte Mettler prostete Richard mit dem Glas zu und sagte < *s' Maidli kriegt z' esse, Chleider und Logis. Am Martini dezu zehn Mark Lohn, wenn's lauft. Defür mues si schaffe und am Sunntig mit uns in d' Chille ins Tal nach Wehr fahre* >. Darauf streckte er Anna seine Pranke wie ein Patriarch entgegen und sagte < ab jetzt gilt's! *Nochher mumpfle mer d' Fiertigs-Brotis. Dim Vater hets bi üs no immer guet g'schmeckt. Dann isch au d' Franz vom Jage z'ruck. Hoffentlich bringt er no öbbis mit* >.

Der Mettler wollte mit Richard über die alten gemeinsamen
Zeiten plaudern. Deswegen deutete er zu Martha: < *Zeig der
Anna unser Huus und au d' Schtall* >. Beide Männer blickten
über die frischen grünen Bergwiesen des Hofs in die Richtung
Basel. Man konnte im Süden die Schweizer Juraberge sehen.

Schon als Ministranten kannten sie sich von den Wallfahrten
zum Gnadenbild in Todtmoos. Der Mettler erinnerte sich gern
< *es isch jetzt fascht vierzig Johr her, daß du zum Gras maihje,
zum Heue und zum Öhmde mit mir d' Sense gschwunge hesch.
Ihr Wälderbube wared bim Maihje schneller als mir Bursche.
Ihr hen euch immer uf langi fettigi Matte zum maihje g' freut.
Nit nur arg nassi un moorigi Matte, wie bi euch uf' m Wälder.
Vo was lebet ihr denn? Wohl immer no vo Herdöpfel und vo
Mehlsuppe. Schlupfe dini Chinder im Winter immer no in die
warme Chauscht, wenns chalt isch un kei Mumpfel me git?* >.
Dabei lachte der Mettler in gestopfter Zufriedenheit, während
Richard trocken schluckte und sein Gesicht arg bleich wurde.
Sein ausgezehrter Körper schüttelte sich, als ob er schmerzte.

Darauf klagte Richard seine Sorgen: Seit seine zwei Buben im
deutsch-französischen 70-ger Krieg gefallen seien, komme er
mit der Ernährung seiner Familie nicht mehr klar. Er könne
sich keine Knechte leisten, habe zu schlechte Böden, zu viele
Hungrige am Tisch. Er bringe bis in zwei Jahren seine zweite
Tochter Steffane auch noch herüber auf die Mettlen. Dann sei
Anna im Alter, um zu heiraten. Anna sei fleißig und verläßlich.
Aber der Lehrer habe ihr das Lesen von seinen Schriften und
von neuen Büchern in den Kopf gesetzt. Deswegen lese sie in
jeder freien Minute und lerne alle Texte auswendig. Nicht nur
die Bibel. So sei sie verständig und auch besonnen geworden.

Der Mettler hatte sich zum Most einen dunklen Schweizer Stumpen angezündet. Richard stopfte ruhig sein Knasterpfifli. Den Ausspruch vom baldigen heiratsfähigen Alter der Tochter von Richard kommentierte der Mettler ebenso wenig wie die Ansage zur zweiten Tochter Steffane, die Richard auch von der Essensliste streichen wollte. Ohne Martha sowieso nicht. Er kannte die Hotzenwälder derart, daß er auch deren Ränke und Schlichen gut einschätzen konnte. < *Lange reden sie gar nichts; dann strömt alles aus ihnen heraus* > dachte er stumm. Dabei griff er an die Hosenträger und ließ sie < *schnäppere* >. Beide qualmten miteinander. Richard an seinem Tubakspfifli. Der behäbige Mettler zog mit Genuß an seinem Schweizer Burger-Stumpen. Diese bezog er aus dem nahen Aargau. Der Mettler hatte Mitleid mit dem geplagten Richard, dem die Söhne fehlten. Denn auch den Mettlers war der ältere Sohn gestorben. Franz war später geboren, schon fünfundzwanzig Jahre alt und unbeweibt geblieben. Deswegen gab es bei den Mettlenbauern bisher weder Kinder noch gewünschte Enkel.

Nun nahte Franz mit geschulterter Flinte. Am Riemen seiner Jagdtasche hingen zwei Hasen und auch ein Fuchs, den er an der Grenze zum Herrschaftswald erlegt hatte. Die hohen Jagdstiefel, die nassen ledernen Beinlinge und auch seine Vogelfedern am Hut ließen ihn zünftig erscheinen. Er nahte schnell mit wiegenden Schritten und verwies freudig auf sein Waidmannsheil im frühen Morgen. < *I ha euch scho e Rüngli bim Marschiere d' unte g' seh* > rief er dem Hotzenwälder zu. < *Wo isch s' Maidli bliebe* > wollte er vom Vater wissen. Der Jagdhund, ein Rauhaardackel, nahm die Spur der Frauen in die Küche auf, wo das Suppenfleisch mit Kartoffeln kochte.

Die Botschaft des Lehrers

An Fronleichnam, dem hohen Kirchenfeiertag Anfang Juni 1890, durfte Anna zum ersten Mal zurück ins Dorf. Sie war schon bei Sonnenaufgang aufgebrochen. Über Todtmoos-Au und Wehrhalden nach Großherrischwand. Ihre Schwestern richteten sich gerade zum Kirchgang. Aber es blieb dennoch genügend Zeit zu erzählen, was die Bauernmagd in den ersten zwei Monaten auf dem Mettlenhof schon erleben konnte:

< *Am Morge melche, Stall mischte und fuettere* >. Dann in der < *Stube mit em Bese wüsche un mit' m Lumpe d' Bode butze* >, worauf die Mettlerin Wert legt. Die Magd Fanny, mit der sie die Kammer teilt, < isch d' Chöchi in de Chuchi >. Die Männer sind < bim Maihje und uf de Matte >. Sie bekämen oft weitere Verstärkung durch kräftige Kerle aus Gersbach und Hasel. Es seien meistens evangelische Burschen, mit denen man keinen näheren Kontakt am Hof habe. Auf den Wiesen und im Wald arbeiten zudem Knechte, die sich hauptsächlich außerhalb des Hauses aufhielten. < *Die Mettler Buurerei isch halt scho größer* >. Mit dem Milchbetrieb sei eine Käserei verbunden, die von der Bäuerin besorgt werde. Butterballen würden in einem < *Model* > ausgeformt. Butter und Käse dann in Wehr auf dem Wochenmarkt verkauft. Da fahre sie gern mit der Bäuerin über den Höhenweg in einer Kutsche hinab ins Tal. Am Sonntag müßten alle Hofbewohner in die Kirche gehen. Zudem habe sie in Wehr die < *Büches* > mit der Tochter Berta kennengelernt. < *Die Familie Büche liest Bücher wie n' i au* >. Im beginnenden Glockengeläut rief Pauline < looset d' Glocke lütet! *Jetzt mü'mer gschwind laufe! S' isch Zit für d Chille* >.

Pfarrer Kaiser zelebrierte die heilige Messe an Fronleichnam in St. Zeno. Ein buntes Blumenmeer zierte den voll besetzten Herrischrieder Kirchenplatz wie ein farbiges Blütenmosaik. Der Musikverein war vor der Kirche angetreten. Mit silberner Monstranz und klingenden Märschen zog die Prozession in die Flur hinaus. Die Gläubigen in den Hotzenwälder Trachten sangen bei der Flurprozession. Anna hatte ihren Tschäpel auf dem Kopf, das bestickte Fürtuch und auch bunte Samtbänder.

Unter den Besuchern entdeckte Anna bald den Lehrer. Er gab ihr mit einer Kopfbewegung zu verstehen, daß er sie sprechen möchte. Wieder überzog eine kurze Röte das Gesicht seiner besten Schülerin und sie winkte ihm zu. < *Hol dir in' ere Stund no ne mol e Buch bi mir ab. Dann chönne mir no miteinander schwätze wie's bie dir so goh't* >, flüsterte er ihr leise zu. Sie wisperte ein zustimmendes Ja. Er hatte einen weiteren Band mit gutem Lesestoff gerichtet. Dann fragte er sie, ob sie mit ihm ein noch Mühlespiel vor ihrem < *Heimweg* > wagen will?

Anna willigte ein: < *Jo, i ha' no Froge zum letschte Mühlispiel an de Oschtere. Isch es im Lebe au so, daß me die Schtei wie Marke setzt und dann demit umgoh' muß wie bie dene Mühli Spielzüg? Daß me im Lebe au Zwickmühle ufbaue cha, und daß me si au schließe cha, wenn me si richtig g'setzt het?* >.

Der Lehrer war sprachlos, wie dieses junge Mädchen Anna die Spielregeln und die Spielzüge auf das Leben übertragen hatte. Er lachte froh: < *Du hast das Leben schon schnell begriffen* >.

Dann plauderte er im Schulzimmer weiterhin mit Anna, deren Gesicht und Mienenspiel auf seine gescheiten Sätze reagierte.

< Wer die weißen Steine setzen darf, gewinnt meistens, weil er die Freiheit des Handelns und des freien Willens beherrscht. Schwarz kann nur so reagieren, wie es Weiß vorgegeben hat. Aber es bedeutet vom Spiel auf das wirkliche Leben übersetzt, daß die weißen Steine Folgen für die schwarzen Steine haben. Es kann nicht nur Hammer und Amboß geben >. Da soll man bisher unerfüllbare Forderungen des Volkes jetzt anerkennen. Das sind im Spiel die Spielregeln, die ebenso im Leben gelten. Die alte Obrigkeit in Staat und Kirche könne nicht mehr allein bestimmen, was ihr an Regeln einfalle. Es dürfe nicht mehr so sein, daß einerseits Bildung, Prunk und Reichtum, anderseits Armut, Dummheit und Krieg der Menschen Leben bestimme.

Die unerbittlichen Spielregeln müssen gerechter werden. Der Geist solle nicht nur an Fronleichnam in der Kirche aufsteigen. Der Geist müsse auch begreifen: Mit Verstand und Vernunft.

Damit hatte er seine pädagogische Überzeugung aus dem Lehrerseminar in Grundzügen vor dem staunenden Mädchen ausgebreitet. Anna wußte im Augenblick nicht, was sie ihm antworten könne. Deswegen drängte sie zum Heimweg, der bis zur Mettlen hinüber noch gut zwei Stunden dauern sollte.

Sie nahm den kürzesten Weg über den steilen Sägebach hinab auf die Wehratalstraße und beeilte sich auf dem Heimweg, da sich ein Sommergewitter ankündigte. Es wurde zunehmend heiß und schwül. Auf der Wehratalstraße hörte sie schon den Donner aus weiter Ferne grollen. Doch es war nicht mehr weit bis zum Mettlengraben, den sie ohne Regentropfen erreichte. Von der Höhe vernahm sie die laute Stimme von Franz *< jetzt muesch no us'm Grabe uffe stiege. Chum zu mir in d' Höchi >.*

Das Mettler Spiel beginnt

Als sie den Mettlengraben nach oben stieg, wartete da schon Franz auf dem lichten Pirschpfad zum Mettlenhof. Er wollte mit ihr den Rest gemeinsam gehen. Anna hatte in den letzten Wochen bemerkt, daß Franz ihre Nähe schon häufiger suchte.

Dann entdeckte er ihr neues Buch in der Jackentasche und spottete: < *Hesch wieder neui Schmöker mitbrocht? Göh'n der Madame d' Bücher scho us ? Mir hen lieber Land und Vieh im Stall als Bücher im Huus* >. Anna hatte am Abend eines langen Tages mit so vielen Eindrücken keine Lust auf solche Neckerei. Zudem war sie noch verwirrt, was ihr der Lehrer erklärt hatte. Deswegen hat sie den Franz mit folgenden Sätzen abblitzen lassen: < *S' isch wägerli nit zum erschte Mol, daß du Fraue im Wald verschreck'sch. Aber i ha kei Angscht vor dir. De Fiertig war lang. I' will jetzt so schnell wie mögli heim! Loss mi goh'* >.

Da begann auch schon der Blitz und Donner zu grollen. Sie schafften den Weg zur Mettlen gerade noch. Da brach das donnernde Sommergewitter über den Mettlenhof herein. Der Regen beendete den Fronleichnam und kühlte die heiße Luft. Anna wünschte eine gute Nacht: < *Denk nümme dra, was i dir vorher no g'sait ha. I' bi halt müd vom ganzen Tag in minere Heimet. Aber i has nit so g'meint* > und ging in ihre Kammer.

In den folgenden Wochen brachte der Frühsommer mit der Heuernte viel Arbeit. Es blieb keine Zeit, Gedanken an die sozialen Fragen und das Mühlespiel zu stellen. Auswärtige Schnitter mit Sensen und auch Frauen aus der Umgebung arbeiteten von früh bis spät in der Heuernte. Der alte Mettler organisierte draußen. Franz und die Knechte spannten die Heufuhrwerke vor dem Stall an. Nicht nur die Pferde hatten lederne < *Chummet* > um den Hals, sondern auch die Ochsen wurden < *unterjocht* >. Die hoch beladenen Heuwagen fuhren mit dem < *Wiesbaum* > beseilt tagelang ins Tenn. Die Bäuerin und Fanny kochten laufend < *Fleischsuppe un Öpfelbabbe* >.

Anna war mit Melken, Füttern, Buttern und < *Chäse* > an den Hof gebunden. Sie mußte zupacken, da die Mettlerin, Fanny und die Knechte andere Arbeit hatten. Aber sie genoß dabei eine schöne Abwechslung: Zweimal in der Woche fuhr sie mit Franz zum Wehrer Markt, um den Weichkäse und Butter am Marktstand zu verkaufen. Denn Martha hortete Bargeld für ein Sägewerk im Tal, in das sie nun ihr Geld stecken wollte. Während Franz sich < *pur passe le temp* > in Wehr aufhielt, bestand für Anna die gute Gelegenheit mit der Familie Büche zu sprechen. Besonders mit Tochter Berta über deren Bücher. Ihr vertraute sie und erzählte, daß sie von ihrem Lehrer an Fronleichnam Band II von < *Soll und Haben* > erhalten habe. Sie komme nun aber wegen der Arbeit kaum noch zum Lesen.

Mit Franz war es auf der Kutsche immer sehr lustig, denn er schäkerte mit Anna, die ihm < *in der Chaise munter manchen Mumpitz* > ins Ohr flüsterte. Auf dem Heimweg alberten sie lachend über die Erlebnisse des Vormittags in Wehr. Dabei spotteten sie auch über Begegnungen mit Leuten, die ihnen etwas merkwürdig vorkamen. Sie übertrafen sich gegenseitig, bis sie Tränen vom Lachen bekamen. Und die Hand von Franz tastete vom Pferdezügel hin zu Annas Hand hin, die sie dann schnell zurückgezogen hat, denn sie war < *jo kei Lumpetier* >. < *Nimm dini Dobe do schnell wieder weg* >, wehrte sie sich.

Und längst bei der Hofeinfahrt in die Mettlen mußten sie die geheimnisvolle Verliebtheit aufgeben, weil die alte Mettlerin diese Buhlschaft strikt abgelehnt hätte. Soweit wollte sie es nicht kommen lassen, daß eine Magd hier einheiraten könne.

Martha verfolgte den Plan, eine Heirat neuer Art einzufädeln. Denn auf den benachbarten Höfen in Gersbach und in Hasel gab es nur < *Evangelischi* >, mit denen sich kein < *katholischer Mettler* >, einließ. Weder Anna noch Franz kannten Marthas Heiratspläne. Der alte Mettler schwieg zu diesem Thema und zündete lieber einen dunkelbraunen Burger-Stumpen an und qualmte still weiter, um < alli *Dischkutatione* > zu vermeiden.

Martha wollte, daß Franz ihre Großcousine aus Sankt Blasien heiratet. Da wohnten ihre reichen Cousinen um das Kloster. Ihnen gehörte das aufstrebende < *Kur-Hotel Hirschen mit dem Ballsaal* >. Die Wirtfamilie Dossenbach hatte mehr anzubieten als den < *Hotzechlapf von Anna* >, wo das Erbe geteilt wurde, bis es so klein war, daß man nur noch armselig leben konnte. Bei der Großcousine von Martha stand das Tochtererbe gut. Sie würde als Mitgift Einnahmen vom < *Hirschen und von den Ballveranstaltungen sowie vom neuen Wiener Cafe* > erhalten, das in der künftigen Kurbad-Welt St. Blasiens angesagt war.

Anna hatte jetzt im Sommer mehr Zeit, um über Gedanken des Lehrers zu den Spielregeln, zum Setzen der weißen und der schwarzen Steine nachzudenken. Die gut eingeleiteten Mühle-Spielzüge beschäftigten sie nun immer stärker. Darin spielte auch der junge Franz Mettler eine vorbestimmte Rolle.

Die Türen im Tenn waren weit geöffnet, um die Sommerhitze von den Kornsäcken < *un vom hitzige Lumpetier* > abzuhalten. Anna saß leicht geschürzt auf einem der Säcke, ließ ihre Beine locker baumeln und gab auch ihren Gedanken freien Lauf. Sie erinnerte sich an den Heimweg an Fronleichnam als Franz ihr auflauerte und an seine unheimlichen < *Dobe* in der Chaise >.

Nun wollte sie den Spieß umdrehen und ihm heute auflauern. Als er durch das heiße Tenn ging drehte sie sich ihm zu, strich ihr leicht gelocktes, offenes Haar langsam zurück und sprach Franz an: < *Spiel mit mir jetz Nüni-Schtei! Oder e Pfänderspiel, wenn s di mehr gluschtet. Glaub mir, hüt spiel i bi allem mit* >. Dabei spreizte sie das Bein in Richtung der Heustockleiter und lehnte sich mit dem Oberkörper zurück. Doch Franz war nicht zum Spielen aufgelegt, denn er wußte, daß es bei Anna jetzt um den Spielzug zur Mettlenbäuerin ging. Deswegen gab er ihr einen Korb und trotzte lässig: < *Maidli, mach mir nur kei Fisimatente im Heustock mit dine hitzige Gedanke. So wit sin mir zwei no lang nit. Der Mettlebuur spielt hüt nit um si Hof* >.

Anna hörte seinen Protest stumm an wie es ihr als Magd zukam und dachte mit leichter Bitterkeit: < *Franz Mettler, du bisch de Schpielverderber un e große Luus-Cheib! Du hesch nit g'schnallt, daß dir die wiesse Schtei vo de Waldfee in Chratte g'legt worde sin. S' Lebe cha au anders ablaufe als mit dir* >.

Dann begann ihre übliche Alberei, bei der sich Franz sicher fühlte. Das Geplänkel setzte sich belanglos in den Mittag fort. Anna überlegte, ob sie den falschen Zeitpunkt gewählt hatte. Sie wollte den Mettler Franz bei anderer Gelegenheit stellen. Denn es gab auf dem Mettlenhof oft günstige Gelegenheiten.

Der Baurevisor der Feuerversicherung

Bald darauf saß der Mettler an einem Sommermorgen vor
dem Haus und wartete auf Franz Josef aus der Wehrer Familie
Büche, der eine glänzende Stellung in Basel gefunden hatte.
Der gelernte Zimmermann war Bauschätzer bei der Basler
Feuerversicherung, die auch hier Sachschäden versicherte.

Der Baurevisor stieg von seiner Kutsche mit offenem Verdeck
und sprach den Familienbekannten herzlich an. < *Mettler, du*
muesch di Risiko gege Füür, Wasser und Erdbebe absichere >.
Die Basler Feuerversicherung könne ihm ein Angebot bieten.
< *Denk emol an d' Wehrer Hochwasserschäde im Johr 1882* >.
Er käme damit nun zu ihm, da Gersbach abgeschlossen sei.

Der Mettler schnaufte tief und fragte nach der Prämienhöhe
dieser Basler Versicherung. Der Baurevisor führte weiter aus:
< *Mir messe alle Hüüser un taxiere d' Baubstanz ganz g'nau* >.
Dazu sei er Bauschätzer der Versicherung. < s'git e Angebot >,
das drei Monate nach der Unterzeichnung voll gelten werde.
Dann könne weder Feuer noch Blitz den Hof ruinieren. < Im
Schadensfall krieg'sch d' Zaschter uf d' Hand oder uf'd Bank >.

Der Hausherr überdachte das Risiko und runzelte das Gesicht.
Dann ging ein Ruck durch seinen ganzen Körper. Darauf sagte
er plötzlich: < *Du chasch de ganz Mettlehof jetzt neu usmesse.*
Wenn de Hilf bruuchsch, frog d' Martha. Sie isch mit de Anna
in der Chäschuchi >. Der Franz sei noch beim Jagen. Er habe
wohl Beute gemacht. < *Do hinte het's jo vorher g'schosse* >.
Der Revisor ging in die Käserei und traf Martha und die Magd,
die mit den < *Buttermodeln* > beschäftigt waren. Martha

herzte Franz Josef aus alter Verbundenheit und erkundigte sich nach seiner Frau Trudi. Der Revisor überhörte die Frage.

Franz Josef erläuterte ihr den Auftrag, alle Gebäude des Hofs zu erfassen und fragte nach Hilfe beim Vermessen. < *Nimm d' Anna mit, solang unser Franz no unterwegs isch, ich glaub die stellt sich ganz g'schickt a* >. Dann wies Martha den Revisor an die Mettler Magd. Der erklärte, daß es darum geht, das Maßband zu führen und die Geometrie und die Kubatur der Zimmer und des ganzen Hauses zu berechnen, damit ein neues Zahlenwerk im Aufnahmebogen erstellt werden kann. Die Mettlerin entschwand schnell in die Küche. Anna freute sich über diese Abwechslung, den Revisor zu unterstützen, bis Franz von der Morgenpirsch zurück sein werde. Der Basler Bauschätzer erklärte ihr kurz, was gefordert werde. Dann legte er los, den < *neuen Mettler Feuer-Faszikel* > zu eröffnen.

Die Bäuerin hatte mit der Magd Fanny zu Ehren dieses Gastes die Reste vom Sonntagsbraten gewärmt. Mit Kartoffeln, Kraut und Meerrettich. Franz Josef dozierte, < *ihr sollet de scharf Meerrettich und Kapuzinerkresse esse, denn das büügt dem Katarrh und de Gripp vor. Mir hen z' Basel au schweri Fäll vo d' Russe-Gripp* >, wobei er Frau Trudis Zustand verschwieg. In Wehr und auch in der Buntweberei in Brennet gäbe es schon Todesfälle. Diese Grippewelle laufe rasch auf die Mettlen zu. Basler Apotheken verkaufen synthetische Salicylsäure. Auch Jodoform, Tannin, Resorcin, Chinoidin und Quecksilberclorid gegen die Grippe. Die Mettler hörten dem Revisor still zu. Mit der tödlichen < *Russegripp* > hatten sie noch nicht gerechnet.

Anna war beeindruckt von diesem Mann, der in gutem Anzug
mit weißem Hemd und Kragen gegenüber saß und fragte ihn,
ob er über die grassierende Grippe mehr erzählen könne. Er
verneinte und runzelte in Gedanken an seine kranke Frau die
krause Stirn. Diese Grippeinformationen habe er von seinem
Chef der Feuerversicherung, Herrn Doktor Ludwig Alioth. Der
interessiere sich auch sehr, in welchen Gebieten die Verträge
der Feuerversicherung zunehmen. Das sei ein gutes Geschäft.

Nun sei es aber Zeit bei der Hausvermessung das Tenn, das
Dach und die Nebengebäude mit Zahlen aufzunehmen. Denn
diese Daten müsse er am Abend in seiner < *Kladde* > haben.
Mit Anna möchte er bei einem weiteren Besuch über Höfe
und Häuser < *im Hinteren Hotzenwald* > sprechen. Vielleicht
eine Erkundungsfahrt in Herrischried mit ihr vorzunehmen.

Bald danach erschien Franz Josef Büche wieder auf dem
Mettlenhof und übergab die unterzeichneten Verträge der
Feuerversichrung mit den Sätzen < *ab em Jahr 1891 isch dr
Hof gege Füür, Wasser und Erdbebeschäde gut versicheret* >.
Dann sprach er ein Thema an, wofür er Anna auf alle Fälle
gewinnen wollte. < *D' Basler Versicherig will im nächschte
Johr d' Hüüser im Hotzenwald gege Blitzschlag versichere.
Wegedem will i mit eurer Anna die örtliche Besunderheite im
Hotzenwald dischkutiere. Wenn's goh't scho glie, no hüt'* >.

Der Mettler ließ die Magd holen und fragte, ob sie alle Dörfer
ihrer Heimat kenne. Am besten die Anzahl aller Gehöfte in
jedem < *Hotzenchlapf* >. Verläßlich zählte sie alle Ortschaften
im Kirchspiel Herrischried auf. Es seien fast 20 Ansiedlungen
von Wehrhalden bis Segeten, wo ihre Mutter aufwuchs, und

von Hornberg bis nach Hottingen oder ins sonnige Hogschür.
< *Das luege mir mitenander a. Und am beschte mache mir e*
Fährtli uf de Wald so lang s' Wetter no so guet isch wie jetzt >.
Und beim Mettlenbauer bat er um Erlaubnis, mit der Magd
reisen zu dürfen, um sich ein eigenes Bild zu verschaffen.

Nach dem Erntedankfest rollte die Revisorenkutsche schnell
den Fetzenbach hinab in Richtung Todtmoos-Au. Die beiden
Pferde zogen die leichte < Chaise > den steilen Schleifweg
nach Wehrhalden hoch. Dort kam ihnen der Herrischrieder
Kaplan Motsch entgegen und staunte, als er die sonntäglich
gekleidete Anna im Wagen mit einem gut ausstaffierten
Mann sah. < *Fährst du nach Hause Anna?* > fragte er sie und
wendete sich mit einem < Grüß Gott > auf spitzen Lippen an
den stattlichen Mann, der die Pferde zügelte. Anna stellte
dem jungen Geistlichen ihren Begleiter vor und bat für ihn um
ein Gespräch mit dem Pfarrer Kaiser am selben Nachmittag.

Dem Revisor erklärte sie, daß in ihrem Heimatort nur zwei
Bauern für eine Versicherung in Frage kommen. Andere, wie
auch ihr Vater, könnten kein Geld für die Prämie aufbringen.
Da reiche es eben nicht zum Leben. Anna fuhr dann mit Franz
Josef durch die die hügelige Waldlandschaft und die weiten
grünen Talsenken mit den munter plätschernden Bächlein zu
den Höfen und kommentierte kundig, wem diese Wiesen, die
Felder und Wälder gehörten. Man habe hier die Namen wie
Albiez, Eschbach, Keller, Matt, Strittmatter, Siebold oder Stoll.
Die einen waren Salpeterer und hatten ihre Kinder nicht mehr
in die Volksschule geschickt. Zur Herstellung von Schießpulver
kratzten sie früher Ammoniak in den Ställen ab. Dem Staat,
dem Bezirksamt und der Kirche hatten sie abgeschworen.

Man habe sie Rebellen genannt und in Freiburg eingebuchtet.
Die anderen wie die Kaiser oder wie die Keller standen treu
zum Fürstabt von St. Blasien und zu Habsburgs Waldvögten.
Alle zusammen berufen sich auf den alten Grafen Hans in der
Grafschaft Hauenstein, der ihnen Freiheit versprochen hatte.
Es gab auch < *abgehauene oder abekeiti Wälder* > im Gebiet.
Die einen mußten dem Abt Urfehde schwören und < *abhaue* >
in den freien Aargau oder wurden fernverbannt in den Banat.
Die anderen < *Abekeite* > zogen von den Bergen ins Tal hinab.
Der Revisor war wieder erstaunt über die Gebietskenntnisse
und schnelle Auffassung dieser jungen Frau aus einem Dorf.
Er mußte Annas Ortskenntnisse für seine neuen Abschlüsse
für die Feuerversicherung jedenfalls nutzen. < *Unbedingt!* >

Der Pfarrer und der Kaplan waren dem Vorhaben der Basler
Feuerversicherung gewogen. < *Manche Hofstellen sind hier
nicht viel besser als der Stall von Bethlehem. Zudem sei ein
Blitzeinschlag bei diesen Strohdächern das Ende der alten
Buden. Wenn man das Risiko von Allen gerechter verteilen
kann, gehe es auch gerechter in der katholischen Kirche zu* >.

Während der Revisor im Pfarrhaus vorsprach, war Anna zu
Besuch bei ihrem Lehrer in der Schule. Der freute sich sehr,
als er die herausgeputzte, junge Frau sehen konnte. < *I ha
wieder neui Froge mitbrocht, wo' i alleweg sinniere mueß* >,
begann Anna. < *Du hesch s' letscht Mol über d' Freiheit und d'
eige Wille verzellt. Jede Mensch soll sie als Menscherecht ha.
In diem Buch han' i sottigi Beispiel oft lese chönne und ha mir
mine Gedanken g'macht* >. Wie könne man Freiheit erlangen,
wenn man seiner Herrschaft treu zu dienen habe, fragte sie.
Herrschaft und Knechtschaft passen wohl kaum zueinander.

Der Lehrer war wieder überrascht, wie gut die Saat gefruchtet hatte, und packte sein geschichtliches Wissen vor der jungen Frau aus: Es begann mit der französischen Revolution 1789 mit Freiheit, Gleichheit, Brüderlichkeit. Von Kant und Hegel lernen wir, wie man in Freiheit lebt. Vernünftig denken lernt. Dann kam in Baden der Anfang vom Liberalismus in den alten Vormärzzeiten. Aber der revolutionäre Heckerzug und Struve wurden hier verraten und bei Wehr in die Flucht geschlagen.

Er wisse noch aus dem Lehrerseminar, daß man die Antwort in den Schriften von Friedrich Hecker, von Georg und Amalie Struve oder von Georg und Emma Herwegh nachlesen könne. Der Säckinger-Trompeter-Scheffel gehöre auch mit Karl von Rotteck und mit Theodor Welcker zu diesen Freiheitsautoren, die sehr kritische Schriften für die Pressefreiheit, Philosophie der Barricade und zur < zerschlagenen Revolution > schrieben. Diese Schriften seien hier nicht verfügbar. Höchstens in Basel! < Einewäg numme lese! Dann wirsch du Antworte uf sottigi Froge finde >. B' sorg dir d' Bücher vom Gottfried Keller oder vom Jeremias Gotthelf. Das wird dr wieter helfe bi de Froge >.

Dann war es auch Zeit für die Rückfahrt. Der Revisor-Wagen rollte wieder von Wehrhalden nach Todtmoos-Au. Die ersten Nachtfröste hatten die Schluchtwälder an der Wehra schon ins herbstliche Gelb und Rot gefärbt. Über dem Wehratal lag ein leichter Nebel. Beide waren mit dem Tag zufrieden. Franz Josef plauderte froh in den Herbstabend. < Anna, im Frühjohr nimm i di wieder mit zu de erschte Vertragsverhandlige, wenn unsri Füürversicherig demit ieverschtanden isch. Un mr werde uns dann wieder treffe. Ich bruch di no für die neue Verträg >.

Das Mettler Dobe-Spiel

Den ganzen Oktober arbeitete Franz mit den Holzknechten im neuen Holzeinschlag am Mettlenkopf. Da wollte Anna den nächsten Spielzug mit Franz einleiten. Sie überließ ihm die weißen Steine und wollte das < *Dobe-Spiel us der Chaise* > nochmal probieren. Beim Vespern an der Mettler-Schanze strich sie wie ein < *Lumpetier* > ganz nah um Franz herum. Mit Albern und neckischem Gehabe brachte Franz seine < *Dobe* > wieder ins Spiel. Das < *Döble* > wollten beide weiter treiben.

Die Felder mußten nun geräumt werden, denn der November kündigte mit Regentagen die schneereiche Winterzeit an. Zu Martini endete das landwirtschaftliche Jahr. Auch Pacht und Dienstboten waren zu bezahlen. Für Anna nahm der Vater Richard den vereinbarten Lohn von 10 Mark an. Anna wurde von den Mettlern als gute, zuverlässige Dienstmagd gelobt.

Richard sagte beim Lohnempfang: < *Glaub uns. Mir mün jo au lebe chönne. S' goht dr Mutter und dr Marie schlecht. Du bisch in dr Mettle guet versorgt. Es wär schön, wem' r au so viel wie du zum Lebe hätte* >. Dann hat er Anna verschämt verlassen.

Die Holzknechte betrieben die Holzhauerei noch so lang am Mettlenkopf bis der Schnee den Fuhrwerken zu hoch wurde. Der Blick zum Schweizer Jura und in die Berner Alpen war in der Wintersonne klar. Im Rheintal waberten die Nebelwolken.

Nach dem frühen Melken, Buttern und der Käserei hielten sich die Mägde und die Knechte in der beheizten Küche auf. Die Mettler saßen auf dem Kachelofen in gewärmter Stube.

Mitte Januar brachte der Winter hohen Schnee. Der eisige Wind verwehte das Pulver vor der Haustür zu Schneebergen. Weder mit dem Pferd noch zu Fuß war es möglich, das Haus zu verlassen. Butter und Käse wurden auf Vorrat hergestellt, denn die Fahrten nach Wehr waren im Winter weggefallen.

Franz arbeitete bei Winterwetter am < *Schniedesel* > im Tenn und stellte Dachschindeln aus Tannenholz her. Wenn er auf dem < *Schniedesel* > saß, schlich sich Anna zu ihm ins Tenn. Sie tanzte wie ein Hexlein vor seiner Nase herum und lachte. < *Kriegsch keine kalte Dobe un kalti Scheiche uf diem Thron* >, spottete sie ihn aus und turnte rittlings auf seiner Eselbank. Und Franz plusterte sich auf und konterte < *du Lumpetier, isch es dir wieder e mol z' heiß g' worde in der warme Chuchiluft* >. Manchmal kauerte sie schmiegsam auf dem < Schniedesel >, und er wärmte ihr die < *kalte Dobe* > bis sie wärmer wurden. So verbrachten sie manche Stunde < *biem Döble* > im Tenn.

Anna wollte gern den langen Winter weiterspielen. Denn sie suchte nach der besten Gelegenheit, um ihre Mühle auf dem Mettlenhof zu schließen. Dabei war ihr gleichgültig, daß ihr Franz sich unter einer Mühle eine Getreidemühle oder eine Sägemühle vorstellte. Denn < *Besitzen* > war das Mettler Ziel. Doch Annas schwarze Spielzüge waren nun auf dem besten Weg. Ihre eigene Strategie schien aufzugehen, wie sie hoffte.

Aber sie durfte sich nicht von der Mettlerin erwischen lassen. Die war schon argwöhnisch und versuchte dem < *Lumpetier* > entgegenzuwirken, um Franz vor der Versuchung zu schützen. Noch saß sie in der Stube und zählte ihr Geld in der Schatulle.

Drei Schicksalsschläge

Im Februar kam der Herrischrieder Kaplan Motsch mit einer furchtbaren Nachricht zu Anna. Er brachte die Todesnachricht von Annas Mutter und ihrer Schwester Marie, daß die beiden zugleich Mitte Januar gestorben seien. Tröstend fuhr er fort: *< Beide sind mit den Sakramenten der katholischen Kirche ins Reich Gottes gegangen. Wegen Seuchengefahr wurden sie am Todestag auf Anordnung des Säckinger Bezirksamts bestattet. Auf die häusliche Aufbahrung mußte man verzichten. Wegen der Schneehöhe konnte man Anna erst später informieren >.* Erklärend erzählte er mit gedämpfter Stimme weiter: *< Es hat mehrere Grippefälle im Dorf gegeben. Deswegen bestand die Seuchengefahr. Aber Mutter und Tochter waren seit Wochen schon sehr schwach und ausgezehrt >.* Das sei ihm selbst bei seinen Hausbesuchen schon seit einigen Wochen aufgefallen.

Anna war die Lebensfarbe sofort aus dem Gesicht gewichen. Sie schluchzte und konnte das Unheil fast nicht fassen, das der Kaplan aus der Hotzenwälder Heimat berichtete. Dieser rief die Mettler Hofbewohner zu einer Andacht zusammen.

Auf Annas Frage, wie es den Schwestern und dem Vater jetzt gehe, antwortete der Kaplan recht zögerlich. Es sei eine große Betroffenheit und Trauer im Haus. Der Vater schweige und hadere auch wie schon zuvor mit seinem Schicksal. Steffane versuche in die Aufgaben der Mutter zu wachsen, was sie in den letzten Monaten schon tun mußte. Die junge Pauline sei nur noch an der Seite des Vaters. Sie befürchte, auch ihn noch zu verlieren. Sie komme oft zur Kirche. Er kümmere sich um das fromme Mädchen, das ihn schon Jahre bewundert hatte.

Anna brauchte Wochen, um mit diesem Schicksal, mit diesem persönlichen Verlust von Mutter und Schwester in der Heimat klar zu kommen. Sie trauerte auf ihre Art: Sie zog sich zurück in ihre Bücherwelt und hat in jeder freien Minute gelesen. Franz wollte sie aufmuntern aber er traf nicht den richtigen Ton, ihre stille Trauer zu lösen. Anna wies ihn wieder zurück. Sie könne noch nicht mit ihm lachen, da ihr immer noch zum Weinen zu Mute war. Ob sie einen Besuch zu Hause machen möchte, fragte er sie. *Nein,* wies Anna sein Angebot zurück, denn < *b'sueche wird' i mini Familie erscht in e paar Wuche. Spöter, wenn i nümmi so truurig bi* > erklärte Anna in Trauer.

< *Kann i öbbis für di tue?* > fragte der junge Mettler in seiner Unsicherheit. Da bat Anna um das fast einzige Lesebuch im ganzen Haus, das unbenutzt in der Stube neben der Bibel lag: Das Schatzkästlein des Rheinischen Hausfreundes mit den Kalendergeschichten von Johann Peter Hebel. Darin las sie abends bis in die Dämmerung. Besonders die alemannischen Gedichte von Johann Peter Hebel liebte sie. Diese gaben ihr Halt und auch Trost, um besser über die Zeit der Trauer fern der Heimat hinweg zu kommen. Sie faßte neuen Lebensmut.

Die Basler Feuerversicherung hatte für das Geschäftsjahr 1891 beschlossen, Gebäude im Hinteren Hotzenwald zu versichern. Franz Josef Büche kam wie angekündigt nach Ostern zum Mettlenhof, um Anna jede Woche einen Tag für die ersten Verträge nach Herrischried mitzunehmen. Der Mettlenbauer war einverstanden, daß Anna Franz Josef dahin begleitet. Zumindest bis zur Pfingstzeit. Danach werde sie zum < *Heue* > wieder auf dem Mettlenhof gebraucht. Denn sie sei eine Mettler Magd und keine Basler < *Stadt-Gumsle* >.

Sie empfahl Franz Josef, < z'erscht mit de größere Buure und dann mit de Salpeterer über d' Füürversicherung schwätze >. Das gelinge wohl gut mit geschenkten, nützlichen Dingen für den Hof. Beispielsweise Geschirr. So fand am ersten Tag ein Gespräch am Wehrhalder Hof statt. *< I ha no vieli Froge >,* sagte der junge Wehrhalder, *< aber's versichere isch guet >.* Zudem war er für eine Versicherung noch zugänglicher als ihm Anna bestätigte, daß der Mettlenhof schon versichert sei. Noch einen geneigten Mann fanden sie in Großherrischwand, der zum Versichern Geld hatte. Einen gewieften Schlauberger.

Unterdessen besuchte Anna die schön gewachsene Schwester Steffane auf dem heimatlichen Hof. Der Vater und Pauline seien beim Säen auf dem Bühlacker. *< Nit wiet e'weg >,* sagte Steffane bei der lieben Begrüßung. *< Chum, mer göh'n ane >*!

Auf dem Weg zum höher gelegenen Bühlacker beklagte die Schwester überdrüssig, daß der Vater mürrisch geworden sei. Nur Pauline könne ihn noch aufheitern. Sie selbst träume von Amerika. *< Uswandere! Wie d' Gotte >.* Aber das Geld fehle. Denn sie habe weder Funzelöl noch Seife im verarmten Haus. Um Pauline kümmere sich der Pfarrer. Diese gehe oft in seine Gottesdienste. *< Sie schwärmt sogar für den jungen Kaplan >.*

Annas Blick über den Bühl herab zur Kirche und zum Friedhof, wo ihre Mutter und Marie beerdigt waren, weitete sich zu den Jurabergen und zu den Alpen hinüber. Im Vordergrund brachte der Vater die Roggensaat in den kargen Boden, der die Familie niemals ernähren konnte. Sie empfand die Worte von Steffane, daß hier Armut und Not herrsche als Anklage gegen die Spielregeln. Nur der Lehrer habe sie damals im Ort

zum Lesen und zum Denken ermuntert. Der Pfarrer hätte ein
Mädchen niemals zur Lateinschule empfohlen, erinnerte sie
an die Worte des Kaplans. Der Vater hätte selbst mit weißen
Steinen beim Mühle Spiel verloren. Er sei eben ein Verlierer.

< *Wie kann ich künftig meine erste Mühle schließen?* > fragte
sich Anna im Anblick des gescheiterten Vaters. Der war schon
lange beim Mühle spielen und im Leben ganz ausgeschieden.
Ebenso die hohe Geistlichkeit, die das Heil im Jenseits suche.
Aber für sie selbst war das Steine setzen im Spiel des Lebens
mit dem Mettler Franz noch offen. Der Revisor war auch ein
attraktiver Mann. Leider war er schon lange Jahre verheiratet.
Solche Gedanken schossen ihr wie Pfeile durch den Kopf, als
sie mit kritischem Blick über den Bühl hinwegsehen konnte.

Wie sie die erste Mühle schließe, wolle sie in den nächsten
Jahren selbst entscheiden können. Denn in den Hotzenwald
wollte sie nicht mehr zurück. Es gab jetzt für Anna nur noch
eine Richtung: Nach vorne! Sie mußte ihr Leben gestalten!

Die Geschäftsanbahnung der Basler Feuerversicherung auf
den Hotzenhöfen im Kirchspiel Herrischried lief sehr gut. Jede
Familie bekam beim ersten Gespräch ein Besteck geschenkt.
Wenn sie Franz Josef einmal in der Woche begleiten durfte,
fühlte sie sich wie seine Assistentin im Geschäft. Denn sie hat
mit ihrer Leutekenntnis viel zum Vertrauen beigetragen, daß
sich die oft verschlossenen Hotzenwälder öffneten und dem
Vorhaben zustimmen konnten. Es ging nun auf Pfingsten zu.
Die Bauern mußten ihre Wiesen mähen und hatten keine Zeit
mehr. Deswegen war ein Unterbruch bis zum Herbst geplant.

Auf der letzten Rückfahrt zum Mettlenhof ereignete sich ein
Unfall, der Franz Josef den Verlust eines Auges einbrachte.
Auf der steilen Abfahrt auf dem Holzschleifweg zwischen
Wehrhalden und Todtmoos-Au hatte er sich aus der offenen
Kutsche gebeugt, um die Bremsbacken am Rad zu schließen.
Dabei übersah er den Ast, der ihm ins Gesicht schlug und sein
linkes Auge fest getroffen hatte. Der Hut flog durch die Luft.
Mit einem Schmerzensschrei fasste er an sein Auge und
stellte die Verletzung fest. Anna blieb vor Schreck das Herz
fast stehen. Sie gab ihm ein frisches Taschentuch, um das
Auge zu bedecken. Dann stieg sie ab und führte die Pferde am
Zaumzeug das Steilstück hinab. Sie übernahm die Zügel und
fuhr die Kutsche in schnellem Trab durchs wilde Wehratal.

Anna trieb das Gespann an, um möglichst schnell durch die
Felsenschlucht nach Wehr zu kommen. Die Wellen umspülten
das Ufer des reißenden Wildbachs. Im Mut der Verzweiflung
wuchsen ihr ungeahnte Kräfte zu. Die rumpelnde Chaise legte
die rasende Kutschfahrt bis an den Ostrand von Wehr zurück.
< *Fahr mi so schnell wie möglich zum Dogder Kerner. Er mueß
mi Aug a'luege. Es isch a'g'schwulle, un i cha nüt me seh'*, rief
Franz Josef in seiner Verzweiflung. Der kundige Medizinalrat
sah sich das Auge kritisch an und empfahl dem Patienten, zur
Untersuchung weiter nach Basel zu fahren. Seine Nichte Berta
begleitete Franz Josef ins Bürgerspital nach Basel. Anna sollte
in Wehr übernachten. Den Mettlern werde man es erklären.

Im nächsten Morgengrauen brach Anna zu Fuß zur Mettlen
auf, um zur Melkzeit wieder dort zu sein. Die Bäuerin begann
zu schimpfen, daß man nicht dulden werde, wenn die Magd

nicht nach Hause kommt. Außerdem müsse sie das < *gädrige Ummeschwanze mit'm Franz Josef sie lo'. Bisch kei Gumsle* >.

< *S' het e Unfall mit'm Franz Josef* ge' > sagte Anna leise und schilderte der Mettlerin wie es zu dem Unfall gekommen war. < *Me mueß um's link Aug von'm bange. Er isch no z' Nacht vo sie'm Götti-Chind ins Basler Spital gefahre worde* >. Der alte Mettler wurden stutzig: < Sotti *Dogder-Chaise sin ei'fach nüt im Wald* > rügte der Alte. < *Um Gottes Wille* > plärrte die aufgeschreckte Mettlerin und streckte die Hände zum Beten dem Himmel entgegen. Und der Franz murmelte: < *wenn's au Dölge geh het; de het Dusel g'ha, daß d' Anna debie gsi isch* >!

Das bange Warten auf eine entspannende Nachricht aus Basel zog sich für Anna über zwei Monate hin. Im Monat August erfuhr sie von Berta Büche in Wehr Einzelheiten, wie es um das Augenlicht von Franz Josef bestellt sei. Nur der Augapfel konnte gerettet werden. Er bekam ein Glasauge und trage zur Vorsicht noch länger eine Augenklappe. Anna war trotz der schlechten Nachricht etwas beruhigter. Denn sie hoffte sehr, daß Franz Josef im Herbst wieder zu ihr komme, um das neue Projekt im Hinteren Hotzenwald weiter vorwärts zu bringen.

Berta Büche hat ihr zudem vor einigen Wochen gesteckt, daß Martha Mettler in der Zwischenzeit die Hochzeit von Franz mit der Tochter ihrer Cousine betreibe. Denn diese habe eine gute Mitgift. Anna wurde nun bewußt, daß die sonntäglichen Ausfahrten der Mettlerei mit Franz zum Spaziergang und zum Picknick an der Hoch-Wehra-Schlucht diesen Zweck verfolgt hatten, die Heirat zu vermitteln. Man war nicht offen zu ihr.

Als Anna diese Geschichten von Berta hörte, schimpfte sie mit
< *rotem Mölli* > und großem Zorn, da ihre Pläne platzten und
sie deftig < *döberte. So e Bachl. Bin i s' Mettler Spielzüg g'si* >?
Mit mir lache, umme chälbere un mit mine Dobe spiele >. Sie
ließ ihrer Enttäuschung freien Lauf: < *Mir arme Magd scho
Hoffnig mache. Das isch schofelig vo dem Siech, wenn er mir
de Hof macht und ihn Marthas Großcousine vor d' Fueß legt* >.

Die Mettler waren sonntags wieder zur Wehraschlucht auf die
Brautschau gefahren. Es war ein heißer Tag, und die schwüle
Hitze nahm am Nachmittag weiter zu. Fanny und der Knecht
hatten Ausgang bis zum späten Mittagsmelken. Anna suchte
Schatten am < *Ifer unterm Tenn* > und hatte ein Buch bei sich.

Von Basel her war plötzlich ein unheimliches Grollen in der
Luft. Bald schon waren Donnerschläge zu hören. Der Himmel
über Wehr und Schopfheim stand in einem grellen Gelb, das
mit einer Sturmwand verbunden war. Helle Blitze und Donner
übertrafen sich, als das Gewitter über dem Mettlenhof stand.
Der Blitz schlug in das Tenn. Anna schoß wie von der Tarantel
gestochen mit ihrem Buch aus dem Futtergang und sah nach
wenigen Minuten, wie die ersten Flammen aus dem Heustock
ins Dach drangen. Sofort öffnete sie den Pferdestall, um die
Pferde zu befreien. Dabei mußte sie sich selbst in Sicherheit
begeben. Dann läutete sie die Feuerglocke, um aus Gersbach
und Hasel Hilfe und den Feuerlöschzug herbeizurufen. Nun
kam das größere Problem für sie: Die Kühe waren noch im
Stall angebunden. Mit äußerstem Mut begann sie, die Ochsen
und Kühe abzubinden und sie aus dem Stall heraus zu treiben.
Dabei loderten helle Flammen hoch aus dem Heustock und
griffen auf das Haus über. Dann brachen Balken ein. Um Anna

herum wurde es heiß. Doch sie wollte noch nicht aufgeben.
Aber nach wenigen Minuten mußte sie sich nun selbst retten.
Das Durcheinander und die Hitze waren einfach zu groß. Als
sie aus dem Stall kam, spürte sie die Verbrennungen an den
Händen und im Gesicht. Das Stirnhaar und der Zopf waren im
Feuer versengt worden. Die Haut begann zu schmerzen und
sie rannte an den Bach, um ihre Verbrennungen zu kühlen.

Der Mettlenhof brannte ab. Bevor die Feuerwehr da war. Das
Tenn mit dem Heu, das Hofgebäude waren verloren. Der Stall
bestand nur noch aus den Außenwänden und es verbreiteten
sich beißende Rauchschwaden. Der unbeschreibliche Gestank
von verbrannten Tierkörpern lag in der schwelenden Luft, aus
der schwarzer Ruß und Asche auf die Mettlen herabregneten.
Der Brand hatte den Mettlenhof nun unbewohnbar gemacht.

Die Mettler sahen die Rauchschwaden schon aus der Ferne,
als sie von ihrer Sonntagsausfahrt zurückkamen. Das Gezeter
galt dem Brandschaden. Für die Magd hatten sie kaum einen
Blick. Es war gleichgültig, wie deren Verbrennungen und die
versengten Haare im Brand entstanden waren. Sie machten
sich keine Gedanken darum, wer ihnen die Pferde befreit und
den großen Teil ihres Mettler Viehbestands gerettet hatte.

Als die Feuerwehr den Brandhergang nachvollzogen hatte,
wurde klar, daß das beherzte Eingreifen der Magd Anna den
Schaden begrenzt hatte. Es fiel kein Dankeswort, daß Anna
für die Mettler gleichsam durch das Feuer gegangen war.
Während Anna den Mettlenhof im Feuer zu retten versuchte,
trachtete die habgierige Mettlenbäuerin weiter nach Mitgift.
Sie beendete damit das < *Dobe-Spiel* > von Franz und Anna.

Die Feuerversicherung zahlt

Drei Tage nach der telegrafischen Schadmeldung an die Basler
Feuerversicherung über den heftigen Blitzeinschlag kam der
Revisor Franz Josef mit der Kutsche selbst zum Mettlenhof.
Er trug links eine Augenklappe, die er wie ein Seeräuber mit
einem Band um den Kopf befestigt hatte. Denn der gerettete
Augapfel und sein Glasauge mußten noch geschont werden.
Zuerst ging er mit offenen Armen auf Anna zu. Das störte die
Mettler Martha, die ihn gewohnt herzlich begrüßen wollte.
Man hatte Anna Butter und Mehl auf die Wunden gestreut.
Als sich keine Besserung einstellte besorgte Franz Zinksalbe,
die Anna auf die juckenden Brandblasen aufgetragen wurde.

< *Dunderschieß un sapperlot, Maidli! Du hesch Mumm, in e*
lichterloh brennende Stall ine z' goh >, sagte er anerkennend.
Dann richtete er seinen prüfenden Blick auf das Anwesen, zog
seine Bauunterlagen heraus und stellte für jeden Bauteil den
genauen Schaden fest. Im Wohnhaus waren Küche und Stube
noch einigermaßen erhalten. Der zweite Stock und das Dach
fehlten fast ganz. Den Stall und das Tenn gab es nicht mehr.
Überall waren noch Glutnester. Nur die beiden Hofremisen
waren unbeschadet. Darin bestand die Zuflucht der Mettler
und der Dienstleute. Aus der Speisekammer hatte man einige
noch brauchbare Lebensmittel aus dem Rauch geborgen. Es
war aber ein Totalverlust zu bescheinigen. Zum Feuer selbst
sollten Anna und die Feuerwehrleute weiter gehört werden.

Zuerst befragte der Revisor Anna über den Blitzeinschlag und
die Ausbreitung des Feuers. Sie erzählte den Ablauf genau.
Franz Josef kam darauf schnell in einen Plauderton mit Anna.

< *Weisch du scho, daß di d' Martha heimschicke will, wenn die*
< *Bläsmer Brut* > *vom Franz chunnt? Di Ziet als Mettler Magd*
isch ab'gloffe. An Martini wirsch du di Bündel packe mueße >
vertraute er ihr an. Anna < *kapierte* >, daß sie im bisherigen
Mühlespiel in der Sprungphase war. < *Wo gump i jetzt ane* >?

Anna lächelte ihn mit ihren Brandrötungen und Blasen im
Gesicht an und sagte < *vögeliwohl: Franz Josef, i vertrau dr* >.
Am beschte ging i als Dienschtmaidli uf Basel. S' Stadtlebe wär
mir am liebschte vo allem. Oder in' d Schopfener Kochschul >.
Der Revisor war wieder überrascht wie sich dieses Mädchen
entwickelte. Seine Hilfe war selbstverständlich. < *Aber wie* > ?

Dann erklärte er den Plan: Wenn er bis in etwa zehn Tagen
die Entscheidung der Basler Versicherung mitteilen könne,
hole er Anna hier weg. Sie würden über Herrischried fahren
und dort Zeugnis ablegen, daß die Feuerversicherung dem
Mettler Brandgeld ausbezahlt habe. Dann weiter nach Wehr,
wo Anna bei seiner Schwester bliebe bis er eine passende
Stellung in Basel für sie gefunden habe. Darauf lächelte er
und gab ihr weitere Hinweise. Besonders zum Verhalten auf
dem Hof < *zu de Mettler sai'sch kei Wort. Auch nit zum Franz.*
Du schnapp'sch ei'fach di Krempel und goh'sch mit mir mit! >

Anna bewunderte die Entscheidung dieses Mannes und
blickte Richtung Basel. Der hohe Stand der Sonne warf jetzt
nur noch kurze Schatten beider Silhouetten auf den Boden.
Der dunkle Schattenwurf von Anna und Franz Josef wurde bis
zum Mittag mit jeder Minute kleiner. Beide Schattenbilder
verschmolzen ineinander. Es war als ob sich ihre Erlebnisse in
diesem Kreis bündelten und in einer neuen Ellipse öffneten.

Ankunft in Basel

Das Fuhrwerk hatte Franz Josef beim Kreuz-Wirt in Brennet gelassen und war mit Anna in den Zug nach Basel gestiegen. Eine neue Welt für Anna, denn sie war noch nie mit einem Zug gefahren. Sie setzte ihren Strohhut auf. Kleid und Schuhe hatte sie in Wehr bekommen, wo sie elf Wochen zu Gast war. Alles ging nach dem Plan, den Franz Josef entwickelt hatte. Der Abschied von der Familie in Großherrischwand war kurz. Ihren Lohn sollte der Vater an Martini am Mettlenhof holen. Den Lehrer umarmte Anna zum Abschied und sagte mutig < *i nimm di wiesse Schtei* >. Der Schulmeister bestärkte die junge Frau: < *Du hast die richtigen Steine ergriffen. In Basel wirst du deine erste Mühle schließen* > und drückte sie herzlich an sich. Im Hebammenkoffer ihrer Freundin Berta waren ihre Schätze verpackt. Die Hotzenwälder Tracht, Mutters Ring und Bücher. Die Brandverletzungen waren geheilt. Das Haar war kürzer geschnitten. Die reifere junge Frau trug die dunkelbraunen, gewellten Haare < *mit dem Bürzi* >. Ihre Augen leuchteten in Vorfreude auf die Bahnfahrt über Rheinfelden und Grenzach. Aufgeregt plätscherten ihre Worte wie das Hochrheingefälle. Sprudelnd wie die Gischt an den Schwellen, dem Gwild, bei Rheinfelden, wenn sich das Wasser schier unbändig befreit.

Mit zischender Lokomotive und quietschenden Bremsen kam der Personenzug am Badischen Bahnhof zum Stehen, wo sich die frische Bergluft des Wiesentals und die feuchtwarme Luft aus der Pforte des Sundgaus am Basler Rheinknie vermischen. Franz Josef erklärte ihr mit Ehrfurcht, < *im Badische Bahnhof chunnt a'mel au uns'e Badische Großherzog Friedrich I. mit d'*

Großherzogin Luis' a, wenn er im Markgräflerhof residiert. De alt Basler Prachtbau am Rhy >. Sie kämen mit dem Pferdebus bald nah am Großherzog-Palais vorbei. Anna erfreute sich. Sie verehrte Luise, die in Schopfheim eine Kochschule einrichtete.

Franz Josef rühmte im Pferdebus das Quartier < *Glai-Basel* >, das sich stark vom reicheren Großbasel unterscheidet. Vorbei an der Gewerbeschule und an der Rosentalanlage kamen sie zur Clara-Chille, wo das reformierte Basel noch katholisch sei. < *Vom Claraplatz Richtung Glai-Hühnige* > zweige man ab zu seinem Haus in der Markgräflerstraße. Mit einem Garten, in dem seine Frau Gemüse und Salat pflanze. Aber in Basel kaufe man meistens auf den Märkten Lebensmittel. Nun belebten sich die Straße mit Leuten und der Kutschenverkehr stark, als der Pferdeomnibus zur Mittleren Brücke über den Rhein fuhr. Anna kam immer mehr ins Staunen über die Stadthäuser, die gepflasterten Straßen mit dem geschäftigen Verkehr und die Leute, die in alle Richtungen unterwegs waren. So umtriebig hatte sie sich die Stadt in Träumen nicht vorstellen können. Immer wieder stiegen Menschen an den Haltestellen zu. Und jetzt weitete sich Annas Blick, als sie über der Rhygass auf die Mittlere Brücke fuhren. Sie wurde vor Aufregung ganz stumm. Mit dem Blick < *uf d' Fähri* > schwärmt Franz Josef von Basel:

< *Ganz rechts am End vo de Bruck bi dr Schiffländi cha me zum Spital luege. Ganz nooch bim Großherzog un sinere Luis. Links obe lütet s' Basler Münster über d' Stadt. Dört git's au schöni Palaisbaute vo de rieche Großbasler Kaufherre* >. Nun stockte der Verkehr auf der Mittleren Brücke und Franz Josef Büche erzählte von den drei Kleinbasler Ehrengesellschaften, die durch den < *Vogel Gryff, den wilden Maa und den Leu* >

dargestellt werden, die zum Winterende im Januar auf der Rheinbrücke tanzen. Dabei wenden sie sich Glai-Basel zu. Es wäre eine große Ehre für Franz Josef, wenn er einer dieser Gesellschaften beitreten könnte. Dabei sagte er den Spruch:

< *Allewyl im kalte Jänner sind Glaibasler Ehrezaiche dra, dann hupft dr Leu, danzt stolz dr Gryf und segglet au dr Wildi Maa* > wobei er diesen Vers innig vortrug, was ihm sonst eher fremd war. Anna merkte sich diesen Kleinbasler Vers im Augenblick.

Der Pferdebus hatte an der < *Schifflände* > den nächsten Halt. Doch sie hatten noch nicht ihr Ziel in der Stadtmitte erreicht. Nach einer Kurve erschien der < *Märtplatz* > mit dem alten Rathaus. Nun war es Zeit, auszusteigen. Auf dem Marktplatz waren die Marktstände gerade abgebaut worden. Franz Josef gab ihr den Rat, < *do chasch alles chaufe was de bruuch'sch* > und stieg mit ihr die engen Gassen hinauf bis zum Nadelberg, wo das Kontor der Basler Feuerversicherung war. Für ihn ein gewohnter Gang. Für Anna viele neue Eindrücke, als sie diese langen Häuserfronten mit den hohen Stadtbauten erblickte. Bald war der neue Arbeitsort von Anna erreicht: Das Kontor der Basler Feuerversicherung und das Stadthaus der Familie Alioth, das miteinander einen herrschaftlichen Bau darstellte. Man ging um das Haus herum in den Innenhof, der wie ein Park gepflegt wurde. Es standen mehrere < *Chaisen* > im Hof. Da erschien auch schon der rührige Hofmeister des gesamten Anwesens: Karl Stucki, ein pausbäckiger rundlicher Mann mit der Pfeife, aus der die bläulichen Wolken quollen. Der Revisor stellte seinem Kollegen Anna vor: < *Das isch ebbe unser neu Maidli* >. Und zu Anna sagte er deutlich: < *Karl Stucki isch ab jetzt die Chef. Muesch immer guet loose, was er dir sai't* >.

Dienstmädchen in Basel

Hofmeister Stucki nahm Anna mit in sein < *Bureau* > neben dem Eingangsportal, wo sich Geschäftsbesucher anmeldeten. Franz hingegen ging ins < *Comtoir* >, um Aufträge abzuholen. Am Stehpult von Karl Stucki war bereits ein Gesindevertrag für Anna vorbereitet. Er kannte ihren Lebensweg. < *Einewäg* > wollte der Hofmeister vorab wissen, ob sie Käse-Sennerin sei. < *Bi uns bruch'sch kai Haafekääs me mache* >, spottete er und grinste. < *Aber s'* Bureau butze, un d' Büggse wäsche, un au d' Hemli mit' m Glättiese glätte > sei jetzt ihre neue Hausarbeit. Wenn das klappt < *s' Chind vom Chef hüte* >, denn die Alioths erwarten < *in d' nächste Dääg e Buscheli. Do wird's no lebiger im Huus werde, wenn Bübli oder Maidli ummerenne werde* >. Dann unterschrieb Stucki den Dienstvertrag mit Anna. In allen Fragen sei er jetzt ihr wirklicher Gesinde-Chef. Nun zeigte er ihr das Kontor, in dem sie täglich putzen solle. Dabei dürfe der Geschäftsbetrieb nicht gestört werde. Auch die Fenster und die Schreibtische müssen geputzt werden. Das werde er ihr aber am nächsten Tag noch genauer zeigen. Mit Frau Alioth müsse er noch klären, welche Dienste im Haus selbst anfallen.

Dann ließ er Franz Josef rufen und erklärte ihm, daß Anna < *z' erscht emol* > eine Mansarde am Spalenberg bekomme. < *Das isch e gueti Lösig, denn do sin au anderi Gügsi im Pensionat* > sagte der Revisor, der mit dem Kleinbasler Stucki gut auskam.

Nach einigen Wochen hatte sich Anna an ihre neue Stellung gewöhnt. Das Putzen im Kontor, die hellen Fenster im Büro, und selbst unsichtbar werden, wenn Leute ins Kontor kamen.

Karl Stucki wachte darüber, was die Kutscher und Dienstleute zu tun hatten. Anna hatte < *Rapport vor der Zimmerstunde* >.

Im Hause Alioth war Anfang Januar das < *Buscheli Elisabeth* > angekommen. Da gab es mehr Bügelwäsche und auch schon mal aushäusige Botengänge zu erledigen. Bei Frau Alioth war zwar die alte < *Mamsell Käthy* >, aber die hatte Fußprobleme.

Das Basler Großbürgerhaus war < *währschaft* > zu nennen. Auf einer alten < *Stege* > mit dem ziselierten Eisengeländer kam man an der < *concierege logis* >, wo es nach Sandelholz und Lavendel roch, und an < dr *Orangerie* > vorbei. Die Küche mit den Kupferkesseln, Eisenpfannen und den verschiedenen Saucieren hatte neue schwarz-weiße Villeroy-Boch Kacheln. Aus den Ecken der Stuckdecken in den Wohnräumen blickten klassische allegorische Figuren herab. Vom < *Entre* > mit den Bodenmosaiken und Fayencen, auch Badener Majolika, den eisenverzierten Truhen und alten Familienportraits kam man in die hohen Zimmer. Vorhänge aus bestem Tuch und weiße Gardinen umrahmten dicke Fensterlaibungen. Anna staunte über gepolsterte Fauteuils und verglaste Geschirrschränke. Landschaftsbilder von den Künstlern Hodler und Segantini führten den Blick in die Schweizer Alpen. Auf dem Tisch mit den Dammastdecken standen aufgedecktes Porzellan, Gläser und poliertes Silber für den häufig erwarteten Besuch bereit. Eingeschenkt wurden Walliser Weine und Feldschlössli-Bier. Im gemütlichen Kaminzimmer tranken Gäste Cognac und Liköre. Alte Holzkommoden waren mit Intarsien verarbeitet. Drei Fauteuils und ein Chaiselongue boten eine behagliche Bequemlichkeit. Der < *Salon de Fauteuils* > wartete auf die Damen < *für's Cafikränzli un zum Schnädere* >. Die Bäder und

Toiletten waren modern mit fließendem Wasser und einem
Waschbecken, mit Badewanne und einem Bidet ausgestattet.
Man bevorzugte den italienische Stil oder die französische
Manufaktur < *Villeroy-Boch* >, wie es Herr Alioth schon bei der
Pariser Weltausstellung gesehen hatte. Denn der französische
Stil übertraf die bisherige Biedermeier Gemütlichkeit im Haus.
Eine große Bibliothek war für Anna die größte Überraschung.
Die Dame des Hauses bevorzugte die französische Literatur.
Auch zu Friedrich Nietzsche, dem bekannten Basler Professor,
gab es über die Lörracher Textilfamilie Köchlin & Baumgartner
& Cie eine enge Verbindung. Denn die Tochter Baumgartner
hatte in ihrem Lörracher Salon Kontakt mit dem Philosophen.

Frau Alioth war etwa zehn Jahre älter als Anna. Sie hatte nun
schon die anmutige Ausstrahlung einer städtischen Dame, die
wohl von der Erziehung für höhere Töchter kam. Sie war eine
schöne Kaufmannstochter und heiratete < *in ihren Kreisen* >.
Wenn sie in ihrem < *Baseldütsch* > redeten, klang der typische
Dialekt von Großbasel mit den harten Gaumenlauten und den
lang gezogenen Vokalen. Das gab den Sätzen viel Bedeutung.
Für Anna waren es immer klare Ansagen, was sie zu tun habe.
Die Stadtfrau befragte das Bauernmädchen zum Landleben.
Dabei ließ sie Annas Nähe zu. Nach der ersten Woche wollte
sie die Hotzenwälder Tracht sehen und rief dabei erfreut aus:
< *Das isch's zehni, mit' dr kliene Stickerei uff'm Fürtuch un em
Tschäpel uf de Tschuderheul* >. Dabei verstand Anna, daß ihr
bisheriges Landleben und das kommende Stadtleben andere
Schwerpunkte setzten. Nicht nur arm oder reich trennten sie,
sondern Schule, Milieu, Gerüche und Sprache. Vor allem der
Umgang miteinander, wenn die < *Damen zum Cafi* > kamen.

Anna überlegte lange, ob dies an den weißen Steinen beim
Mühlespiel oder an den Spielregeln selbst lag, die sich die
städtische Gesellschaft mit ihren Zünften, mit dem Handel
und in der Gründerzeit auch mit der Industrie gegeben hat.
Sie hatte nun den Vorsatz gefasst, weiter in Basel zu leben.
Dabei war das Großbasler Wohnmilieu für sie unerreichbar.
Aber auch in Glai-Basel, wo Franz Josef und der Stucki lebten,
entwickelte sich ein gutes Leben. Daran wollte sie teilhaben.
Ihr Vorhaben war deutlich: Ihre weißen Steine neu zu setzen.

Der Festtag Ende Januar mit dem Vogel Gryff, dem Wilde Maa
und dem Leu bot die Gelegenheit, < *au unter d' Lüt' z' goh'* >.
Sie ging vorbei an der Schifflände über die Mittlere Brücke
und sah wie der < *Wildi Maa mit em e Tannenbäumli* > auf
einem Floß am Ufer tanzt. Unterhalb der Brücke erschienen
der < *Vogel Gryff und der Leu* >, die begleitet von Tambouren,
Bannerträgern und viel Volk auf die Mittlere Brücke stürmen
und am kleinen Käppelijoch ziemlich wild zusammen tanzten.

Dann ging es in bunten Grüppchen weiter durch Kleinbasel
zum Umzug. Franz Josef Büche und Karl Stucki suchten gezielt
die Nähe der Ehrengesellschaft < *Zur Hären* > auf, bei der die
Handwerkmeister, Jäger, Fischer und auch niederer Adel zu
finden waren. Das Wort < *Hären* >, das im ursprünglichen Sinn
für Fische und Geflügel < *hängebliebe im Netz* > bedeutete,
erinnere an < *fuggere, schachere un heusche bi'm G'schäfte* >.
Eine Nachahmung reicher < *Basler Zünfte* >. Es war eine Ehre,
ein Mitglied in einer Glai-Basler Gesellschaft zu werden. Karl
Stucki hatte seine beiden Töchter dabei. Sie scherzten gern
mit Anna und anderen < *Fäscht-Nasen* >. So trugen sie bei
jedem Halt folgende Kleinbasler Verse zum < *Gryffetag* > vor:

Vogel Gryff

Was glepft. E Schuss!! Was mag das sy?

Dert tanzt jo eine uff em Rhy;

E Dannebaimli schwingt er.

Nai, nai, das gfallt im Wilde Maa,

D' Kanone gracht. Jetzt kunnt er aa.

En Ueli (Bettler) bättlet Batze.

Dr Lai winggt mit de Datze.

Bym Käppelijoch gumpt stolz und styff,

näbe m Wilde Maa dr Gryff,

und dausig Basler lache

ab däne alte Sache.

Dabei tanzten sie wild in der Runde und lachten miteinander.
Anna freundete sich mit den beiden < Gügsi > an. Sie wollten
sich treffen und verabredeten, zusammen Mühle zu spielen.
Endlich hatte Anna zwei Maidli für ihr Lieblingsspiel gefunden.
Karl Stucki war einverstanden. Denn er sah mit Freude wie
gut sich diese drei Mädchen verstanden haben. Zum Schluß
des Gryffe Fests gab es für die Mädchen heiße Maroni, die
man an jeder Ecke direkt an den Öfen kaufte. Anna war froh,
daß sie bei den Mädchen so netten Anschluß gefunden hatte.

Der Kontakt mit Stuckis Töchtern wirkte sich sehr gut auf die Arbeit im Kontor aus. Anna bekam auch Kleider von Ursi und Vreni zum Anziehen. Denn sie durfte bei Besprechungen im Kontor < *den Cafi-Träsch und Basler Leckerli, Öpfelwaie oder Zwetschgewaie* > servieren, wenn sich Gespräche hinzogen. Stucki zeigte ihr, wie man diesen Kaffee im Glas mit Schnaps zubereitet: Ein Daumenbreit mit Schnaps ins < *Cafiglas* > und dann mit dem heißem französischen Filterkaffe auffüllen. Nur nicht umrühren. Denn mit dem Löffel, der im Glas steht, rührt man das geschichtete Getränk erst vor dem Genuß im Glas auf. Dazu hatte sie genaue Anleitung von Stucki bekommen, daß beim Servieren keine Fehler auftreten. Ruhe bewahren, leicht lächeln, aber nicht ins Gesicht der Gäste blicken. Sie werde über dezente Handzeichen Anweisungen bekommen. Über dem Rock trug sie eine kurze, blitzsaubere Kittelschürze. Auch ihre Haare sollen immer streng gekämmt sein und zu einem Knoten im Nacken zusammen gefaßt werden. Das war ihm wichtig, denn er hatte Verantwortung für das Gesinde.

< *D' Stucki Gäägsnase* > trafen Anna oft an der Clara Kirche zu einem Sonntagnachmittag. Bei schlechtem Wetter zum Mühle spielen. An schönen Tagen zogen die drei Mädchen durch die alte Augustiner- oder die Rittergasse hoch zum Münsterplatz. Manchmal gingen sie bis vor das Bürgerspital in der Hoffnung, am früheren Barockpalais Markgräflerhof den Großherzog Friedrich I. oder die Großherzogin Luise zu sehen. Sie lachten und hatten Freude, als ob sie schon lange befreundet wären. Dabei hielten sie in der Stadt Ausschau, wer mit welchem Putz und mit welchem Mannsbild den Sonntag in den Basler Beizen verbrachte. Man hatte sie gewarnt, nie lange an der

berüchtigten < *Rhygass* > zu bleiben, obwohl das lässige
Treiben dort am Ufer sehr schön war. Denn an diesem Ort
ereigneten sich üble Schandtaten mit < *d' Lumpediddi* >.

Ein großes gesellschaftliches Ereignis war am Vorabend der
Bundesfeier zum ersten August, die seit 1891 auch in Basel
mit politischen Reden, meistens von der Freisinnigen Partei
veranlaßt war, das < *Rhynachtsfescht* >. Das rauschende Fest
mit Musik und Leuten in den Beizen und auf Plätzen zog sich
sich von der Johanniterbrücke bis zur Wettsteinbrücke. Von
der Mittleren Brücke bis zum Marktplatz in die Altstadt. Anna
war wieder am Staunen wie viel Menschen in Basel zu diesem
Fest zusammen kamen. Die Bürger waren froh und gelassen.

Am ersten August zogen sie darauf zusammen mit Vater
Stucki zum Bruderholz, wo ein Feuer entzündet wurde. Da
kamen Anna wieder Erinnerungen an die Feuersbrunst auf
dem Mettlenhof. Sie mußte sich schnell abwenden. Auf die
Frage von Ursi und Vreni Stucki, was sie plage, erzählte sie
vom Brand auf dem Mettlenhof und dem Schock über die
verbrannten Kühe. Diese alten, schrecklichen Erinnerungen
hatte sie bisher verdrängt. Die beiden Mädchen fragten nach
ihren Brandverletzungen und bedauerten sie. Anna wollte
diese wirren Gedanken an die ehemaligen Ereignisse nicht
aufkommen lassen. Denn sie hatte sich hier in Basel von ihrer
ländlichen Kindheit in Großherrischwand, vom Leben als
Bauernmagd schon so weit entfernt, daß diese Erinnerungen
aus ihrem Vorleben keine Rolle mehr spielen sollten. Mit
einer Ausnahme: Die gute Erinnerung an ihren lieben Lehrer.

Im Basler Großbürgertum

Anna stand mit einem Fähnchen auf der Mittleren Brücke und winkte der neuen Straßenbahn zu. Die Zeit des < *Rösslitram* > und der Droschken war vorbei. Auf die alte Holzbrücke hatte man Schienen gelegt, die bereits fertig vom Marktplatz über den Claraplatz zum Badischen Bahnhof führten. Die Strecke vom Centralbahnhof über den Barfüsserplatz war nun im Bau. Stucki erzählte von Plänen, die teuren Einzelbillets im Preis zu senken, wenn man sie im Abonnement günstig kaufen könne. Annas erste < *Trämlifahrt* > fand in Begleitung von Frau Alioth statt, denn sie sollte auf die lebhafte kleine Elisabeth achten. Sie trug ihr < *Nasevelo* >, die Nickelbrille mit dicken Gläsern, die sie außer Haus wegen ihrer Kurzsichtigkeit brauchte. Franz Josef hatte ihr seinen Augenarzt im Spital vermittelt.

Die < *Mamsell Käty* >, die langjährige Hausgehilfin, im Hause Alioth, war nach Birsfelden in ihre Familie zurückgekehrt. Nun öffnete sich Anna die erwartete Gelegenheit < *Mamsell* > zu werden. Denn sie hatte in den letzten beiden Jahren Madame Alioth mit der kleinen Elisabeth immer mehr unterstützt. Jetzt wohnte sie im Stadthaus Alioth in der < *Mamsell-Kammer* >.

Anna beaufsichtigte die kleine Elisabeth oft im Kinderzimmer, das neben dem < *Petit Salon* > und dem < *Salle a manger* > lag, in dem Besucher gegessen haben, wenn Herr Dr. Ludwig Alioth zugegen war. Meist war er bei den Geschäftsterminen unterwegs oder besuchte die < *Basler Zunft zum Schlüssel* >. Da trafen sich Basels wichtigste Kaufherren im Haus in der Freien Straße. Anna trug über dem Rock einen weißen Schurz, der immer blütenweiß gestärkt sein mußte. Darauf legte Frau

Alioth Wert, wenn Anna servierte. Ob beim Speisen oder bei der kleinen < Damensoiree >, wenn Besuch kam und sich der Duft von Patschuli oder Eau de Cologne im Raum verbreitete.

Wenn sie mit Elisabeth und Madame allein war, wurde immer gesprochen. Bei Gästen und in Anwesenheit von Herrn Alioth wahrte sie den Abstand, wie es Dienstboten angemessen war.

Frau Alioth freute sich sehr, wenn Anna der kleinen Elisabeth Kinderreime, Lieder oder Gedichte vortrug. Denn Sprache ist ein Spiel. Besonders bei Annas Geschichten vom Tannenwald, dem Joggele und dem tiefen Schnee auf dem Weg zur Kirche. Anna zitierte gern Gedichtverse aus Hebels Erinnerungen an Basel mit der letzten Strophe, die gut auf Frau Alioth passten:

< Und e bravi Frau, wohnt dört usse n au. Gunn Euch Gott e frische Muet! Nehm Eu' Gott in treui Huet, liebi Basler Frau >.

Diesen Hebelvers lehrte sie wie andere schöne Kinderverse Alioths Töchterlein Elisabeth, was < Mamme und Babbe > mit strahlendem Gesicht im Basler Tonfall nach brabbelten. Jetzt war Anna sicher, daß sie im Hause Alioth mit den weißen Steinen eine Mühle schließen konnte. Die Zeit war nun auch für Anna gekommen. Darauf konnte sie jetzt weiter bauen!

Der Großbasler Dialekt war für Anna eine leichte Hürde. Sie begann beim Einkauf auf dem Marktplatz, diesen Klang der Aussprache zu üben. Denn ihr < Wälderdialekt > war weicher. Auch in Kleinbasel und Kleinhünigen war die Klangfarbe etwas milder. < s ka dr in Garte wachse > und ähnliche Wendungen zählten nun zu ihrem neuen Sprachschatz. Und häufig sagte sie in bekräftigender Art < weisch, d Frau Alioth het g'sait >.

In den Jahren im Haus der Patrizierfamilie Alioth war Anna
deutlich geworden, wie groß der Unterschied zwischen ihrer
Herkunft und dem städtischen Leben in der < *belle epoque* >
war. Doch sie hatte sich mit starkem Willen, der Erfahrung in
der Lebensschule und dem Mühle spielen gut vorbereitet.

Dr. Ludwig Rudolf Alioth war ein Pionier der schweizerischen
Elektroindustrie. Er hatte in Lausanne und in USA studiert. Als
Ingenieur und Technischer Leiter des elterlichen Betriebs hat
er mit Emil Bürgin in Basel, später auch in Münchenstein ein
elektrisches Fabrikationsgeschäft für Apparate, Motoren und
Lokomotiven gegründet. Daraus entstand im Jahr 1895 die
Elektrizitätsgesellschaft Alioth (EGA). Bereits sein Vater Daniel
August Alioth besaß die Schappe-Spinnerei J.S. Alioth u. Cie.
Er war ab 1849 Mitgründer der Basler Hypothekenbank und
Verwaltungsrat. Im Jahr 1863 ebenso der Verwaltungsrat der
Basler Versicherungsgesellschaft mit der Feuerversicherung.
Diese Leistungen brachten ihm die Zugehörigkeit zur Basler
Oberschicht, dem sogenannten < *Basler Daig* >. Die wenigen
Familien, die zum Daig gehörten, hatten sich schon vor dem
epochalen Bevölkerungswachstum abgegrenzt. Sie hatten in
ihrer sozialen Wahrnehmung feine Unterschiede. So sprachen
sie eine besonders idiomatische Großbasler Dialektform, das
< *Dalbenesisch* > aus dem Quartier der Sankt Alban Vorstadt.
Bildung, ungeschriebene Regeln und gute Umgangsformen,
sowie eine gezielte Heiratspolitik waren darauf gerichtet, die
Macht der wirtschaftlichen und gesellschaftlichen Basler Elite
zu erhalten. Dabei wurde der große Reichtum nie nach außen
gekehrt. Mit Treffen, Besuchen und Familientagen versicherte
man sich stets der gegenseitigen Großbasler Beziehungswelt.

Hotzenblitz und Totentanz

Die Hausversicherungen im Wiesental und im Hotzenwald
waren für Franz Josef Büche ein lohnendes Geschäft. Gerade
im Hotzenwald war der Abschluß einer Feuerversicherung für
die strohgedeckten Höfe ein gängiges Erneuerungsprogramm.
Auch von den Kanzeln predigten die Pfarrer den Vorteil einer
Versicherung. Dazu halfen auch die Spenden im Klingelbeutel,
wenn einer seinen Hof nach dem Blitzschlag wieder aufbaute.
Es gab aber auch Fälle bei Bränden, da war beim Gewitter die
ganze Familie abwesend und in kurioser Art waren das Vieh,
die Habseligkeiten, Wagen und Gerätschaften schon gerettet.
Das Gerücht entstand über den < *Hotzenblitz* >, der wieder
einmal ein altes Haus mit der Brandversicherung veredelt hat.
< *Vatter, zünd d' Cherze a, s' het scho dunderet. Mer mün vom
Hus abhaue, bevor's Füür richtig brennt* > kolportierte man
die beabsichtigte Brandstiftung der Hofbewohner im Haus.

Auch der Basler Feuerversicherung kamen solche Gerüchte zu
Ohren. Franz Josef sollte nun diese Ereignisse vor Ort klären.
Dazu brauchte er wieder Anna als Begleiterin im Hotzenwald.
Sie nahmen den Zug vom Badischen Bahnhof nach Säckingen,
um mit dem Bezirksoberamtmann Pfeiffer zu reden. < *Unseri
Akziser vo de Füür-Versicherig b' richte vo B' schiß bi de Bränd
uf' m Hotzewald* > erklärte der Revisor dem Bezirksamtsleiter.
Der reagierte zerknirscht, da er das Verhalten der Salpeterer
kannte und sagte: < *Im Hinteren Hotzechlapf gibt es noch die
Gebräuche und Sitten, den Tubak selbst zu schnetzeln. Da hat
die Kultur noch nicht herauf geleckt. Wo das Amt schon mal
Prügel bezieht, wenn es den corpus juris badensis vorzeigt* >.

Anna war bei den Gesprächen als Assistentin dabei. Sie hatte die Erlaubnis von Herrn Dr. Alioth, der den Verdachtsvorwurf Brandstiftung auch aus dem Bericht der Versicherung kannte. Die < *Mamsell* > trug in Begleitung von Franz Josef ihre Haare offen und gab sich wie eine städtische Frau mit hartem Basler Akzent, als ob sie ihr altes Landleben schon vergessen hätte. Sie freute sich sehr, daß sie wieder < *mit von Partie war* > als man mit der < *Doktorchaise* > von Obersäckingen über Egg nach Rickenbach und dann nach Hottingen ins Obere Murgtal fuhr. Die blühenden Wiesen, der beruhigende schwarze Wald, die typischen, ländlichen Gerüche prägten diese Landschaft.

Bei Anna kamen deutliche Erinnerungen an das Heimathaus im Dorf zurück. Sie bekam Tränen in die Augen, als sie diese erbärmlichen Zustände und ihre eigene Familie darin sehen konnte. Spontan gab sie darauf ihrer Schwester Pauline einen Geldbetrag in die Hand und flüsterte ihr zu: < *Wenn' de in de Chille oder im Dorf vo neue Bränd hörsch, schrieb mer an mi Basler Adress', was de vo de Lüt' d' rüber hörsch. Das chönne Parole oder Tatsache si. D' Nied und d' Mißgunscht bringe d' Woh'ret immer ans Licht. De muesch nüt umsunscht mache* >. Damit wurde Pauline als < *Wälder-Brand-Hörposten* > für ihre Schwester tätig. In regelmäßigen Abständen schrieb Pauline die neusten Gerüchte nach Basel, die für Franz Josef wichtig waren. Dem Pfarrer tratschte Pauline die Gerüchte ins Ohr.

Die aktuellen Ermittlungen mit Verdacht auf Brandstiftung verlangten von Franz Josef und Anna drei Tage Anwesenheit bis alle Verhöre und Zeugengespräche geführt worden waren. Über Nacht schliefen sie bei der Familie Büche in Wehr, wobei Berta glücklich war, ihre Freundin Anna so froh zu sehen. Sie mußte in der Familie Büche < *verzelle* > wie sie jetzt lebe. Man habe schon gehört, daß sie die Mamsell der Alioths geworden sei und in einem Basler Palais < *mit Fädere an de Fueß* > lebe.

Anna schilderte gern, wie sie der kleinen Elisabeth, die jetzt in die Primarschule ging und auch einen Privatlehrer hatte, Reime und Geschichten aus dem Hotzenwald erzählt hatte. Sie < *verzellte* > von der großen Stadt Basel und den Stucki-Gäägsen, mit denen sie oft unterwegs sei und Mühle spiele. Auch vom neuen < *Trämli* >, in dem sie sehr gern mitfahre. Dabei lachte sie mit Berta und auch mit Franz Josef, dessen Blick immer wieder zu Anna schweifte. Es war viel Sympathie und große Harmonie zwischen den beiden, da sie schon viel gemeinsam erlebt hatten: Bei der Feuerversicherung und ebenso bei den früheren gemeinsamen Ausfahrten. Anna war ihm dankbar, daß er sie in die Basler Stellung gebracht hatte. Franz Josef spürte, daß sein Augenunfall ohne die beherzte Reaktion von Anna wohl noch schlimmer ausgegangen wäre.

Bei der Rückfahrt nach Basel hatte Franz Josef Anna mit einer Entschuldigung erklärt, warum er sie bisher noch nicht zu sich eingeladen habe. < *Vor Johre het mi Frau Trudi e Gripp' g' ha, die sie uf' s Bett zwunge het* >. Sie könne nur noch liegen und müsse von seinen Töchtern mühsam < *verarztet werde* >.

Er spreche nicht gern darüber, weil der Tod zu erwarten sei. Dabei lag eine Schwermut in seinem Blick, der dem tiefen Ernst glich, den er manchmal bei seiner Arbeit erkennen ließ.

Anna nahm das Thema Tod auf, der auch ihr beim Grippetod ihrer Mutter und bei der Marie begegnet sei. Ihre Schwester

mußte die kranke Mutter und Marie längere Zeit pflegen. Sie
wisse, wie das Leben spielen kann. < *Das ist letztlich wie beim
Mühlespiel, wenn der Gegner mit einem endgültigen Spielzug
den wichtigsten Stein auf dem Spielbrett abgeräumt hatte* >.

Seine Tochter Sens habe sie schon zweimal an den makabren
Bildern des Totentanzes an der Predigerkirche bei der rissigen
Mauer am Dominikanerkloster gesehen. Die Vreni Stucki habe
erzählt, daß seine Sens bei den schaurigen Gerippen mit den
Trommeln, Pfeifen und Trompeten innige Andacht halte. Die
tödliche Seuche hat in Basel abertausende Opfer weggerafft.

Über dem mittelalterlichen Totentanzbild der Kaiser, Könige,
des Adels, des Papsts und der Bischöfe mit Bauern, Knechten,
und Dienstmägden predigt ein Dominikaner von der Kanzel.
Dem Tanz fehle aber die Gnade, Barmherzigkeit und die Liebe
eines christlichen Gottesbildes, das sie von Todtmoos kenne.
Der mittelalterliche Totentanz sei eine Aufforderung zu einem
frommeren Leben. Ohne Sünde, wie Kaplan Motsch predigte.

Franz Josef redete leise weiter: < *es tschuderet mi scho* >.
Crescentia, wie Sens richtig heiße, habe immer viel gelesen.
Das Gedicht Totentanz von Goethe hatte sie lange fasziniert.
Er habe es nie verstanden, daß seine Sens sich mit dem Tod
befasse und bei den Dominikanern eine geistigen Halt fände.

Dann trug Franz Josef die grausenden Verse des Totentanzes
vor, den seine Tochter Sens im Anblick des mittelalterlichen
Bildes an den Mauern der Predigerkirche so verinnerlicht hat,
daß sie den Dominikanern über alles in der Welt glauben will.

Totentanz   *von Johann Wolfgang von Goethe*

< Der Türmer, der schaut zur Mitten der Nacht hinab auf die Gräber in Lage, der Mond, der hat alles ins Helle gebracht; der Kirchhof er liegt wie am Tage. Da regt sich ein Grab und ein anderes dann: Sie kommen hervor, ein Weib da, ein Mann, in weißen und schleppenden Hemden.

Da reckt nun, es will sich ergetzen sogleich, die Knöchel zur Runde, zum Kranze, so arm und so jung und so alt und so reich; doch hindern die Schleppen am Tanze. Und weil nun die Scham nicht weiter gebeut, sie schütteln sich alle, da liegen zerstreut, die Hemdlein über den Hügeln.

Nun hebt sich der Schenkel, nun wackelt das Bein, Gebärden da gibt es vertrackte; dann klippert's und klappert's mitunter hinein, als schlüg' man das Hölzlein im Takte. Das kommt nun dem Türmer so lächerlich vor; da raunt ihn der Schalk, der Versucher, ins Ohr; Geh! Hole dir einen der Laken.

Getan wie gedacht! Und er flüchtet sich schnell nun hinter geheiligte Türen. Der Mond, und noch immer er scheinet so hell zum Tanz, den sie schauderlich führen. Doch endlich verlieret sich dieser und der, schleicht eins nach dem andern gekleidet einher, und, husch, ist es unter dem Rasen. >

Crescentia habe sich gewandelt. Sie bete oft beim schaurigen Totentanzbild und wolle in den Dominikanerorden eintreten. Es scheint ihm wahrlich wie eine Flucht hinter heilige Türen. Das Pflichtgefühl für die todkranke Mutter halte sie in ihrer Verantwortung zurück, um seine Tochter Frieda bei der Pflege nicht allein zurück zu lassen. Er hätte seine beiden Töchter in der Seuchenzeit besser nach Wehr zu Berta bringen sollen.

Anna war von seiner Offenheit gerührt, mit der er von seiner Kleinbasler Familie erzählte. Da lagen Parallelen zu ihr. Wie sie selbst hatte auch Franz Josef mit dem bitteren Verlust in der Familie zu kämpfen. Sie spürte, daß er mit dem Tod seiner Frau rechnen mußte. Darauf begann sie ihn zu ermuntern und brachte ihn wieder zum Lächeln. Beherzt fasste sie ihn darauf am Arm und drücke ihm ein < *Schmützli* > ins Gesicht, wobei sich das schamhafte Erröten einstellte, als sie ihre Haare, die sie offen trug, an seinem Gesicht wie ein Hauch streifen ließ. Bei der Station am Claraplatz sagte sie < *Adieu Franz Josef* >. Und er winkte ihr beim Abschied liebevoll zu. Anna fuhr dann bis zum Marktplatz weiter, um den letzten Teil ihres Weges zum Nadelberg freudig und beschwingt zurückzulegen. Sie strich ihre Locken glatt, kämmte sich und band ihr < *Bürzi* >.

Die kleine Elisabeth begrüßte Anna freudig zu Hause bei den Alioths. Das Kind bekam einen Wälderstrauß mit den Zweigen von Tannen, Buchen- und Eichen. Und Anna erklärte < *Lissi* >, daß diese kleinen Sämchen zu neuen Bäumchen ausschlagen. Dann streute sie die Samen zusammen mit Elisabeth im Park aus. < *Wenn de selber Chinder hesch, dann kaasch du do luege wie die große Bäum wachse un wieder s'gliech verzelle wie i* >. Danach erzählte sie ihr von den Erlebnissen und von den alten strohgedeckten Häusern, von den Feldern und Wiesen, von den Kühen im Stall und < *vo de arme Lüt', un vo dene Chinder, die im Winter oft in de warm Ofen g'schlupft sin* >. Aber auch von Annas Lehrer, der ihr das Mühlespielen beigebracht habe. Das Spiel mit den < *Spielregeln, die man im Leben braucht* >.

Annas Mühlen

Die Stadt Basel wuchs und entwickelte sich weiter zu einem Standort der Industrie und Pharmazie. Sie gab zuziehenden Menschen neue Arbeit. Zur 20. Jahrhundertwende hin waren der Verkehrsausbau, die Industrieansiedlungen, die moderne Elektrizitätsgesellschaft der Alioths, die wachsende Pharmazie von Fritz Hoffmann La Roche mit seinen Schilddrüsentropfen und seinem Hustenmittel Sirolin so erfolgreich wie die neuen Turbinen mit den Gasmotoren für die Energieerzeugung am Volta Platz. Sie versorgten Firmen und die Stadtbeleuchtung.

Basel zog die großen Veranstaltungen an: Den zionistischen Weltkongress und den Friedenskongress der Sozialisten oder den < *Cortege mit den Fasnachts-Laterne-Sujets* >. Im noblen Hotel < *Drei König* > entstand ein großer Ballsaal für üppige, rauschende Feste. Die ersten Filmaufnahmen zierten Basel. Das gesellschaftliche Leben bescherte die < *belle epoque* >, die vom wirtschaftlichen und finanzstarken < *Basler Daig* > wie den Familien Alioth und schon früher von den Bernoulli, Burckhardt, Christ, Iselin, Merian, Sarasin, Schlumberger, Staehelin, Vischer und den von der Mühll gebildet wurden.

Anna beobachtete diesen gesellschaftlichen Umtrieb genau im Hause Alioth. Sie hütete Elisabeth bis in die Nacht, wenn Frau Alioth gesellschaftliche Verpflichtungen hatte. Auch bei Gästen im Haus wurde Anna oft zum Servieren aufgefordert. Wenn sie mit Elisabeth allein zu Hause war, übte sie mit dem Schulkind Gedichte und Lieder. Das Mühle Spiel brachte sie Elisabeth ebenso bei. Mit gleichen Sätzen wie ihr Lehrer das Wissen um die weißen und schwarzen Steine erklärt hatte.

Franz Josefs Trudi starb im Jahr 1898. Danach lebte er allein in der Markgrafenstraße. Seine Töchter wollten nicht mehr im Glai-Basler Haus leben. Die junge Frieda hatte er sofort nach dem Sterbefall nach Wehr zu Berta gebracht, denn sie zog sich in ihrer Trauer zurück. Die Tochter Sens trat bei den Dominikaner Schwestern ein. Nun war Annas Zeit gekommen.

Sie fuhr in ihre freien Stunden oft zu Franz Josef nach Hause. Mit dem < *Trämli* > stieg sie am Claraplatz um in Richtung der Dreirosenbrücke und marschierte mit gefülltem < *Ridikül* > in die Markgräflerstraße. Sie brachte Franz Josef vom Markt frische Lebensmittel vom < *Märtplatz* > ins Haus und kochte gelegentlich ein gutes Abendessen. Wenn sie genug Zeit hatte, deckte sie seinen Tisch so schön, wie sie es bei Frau Alioth gelernt hatte. Dann bat er sie zu bleiben, denn ihre Anwesenheit tat ihm gut. So begann Anna, ihre wichtigste Mühle bei ihm aufzubauen. Denn sie wußte, wie man die weißen Steine setzt. Dabei erinnerte sie sich an das frühere Gespräch mit ihrem Lehrer: Wer die weißen Steine gut setzt, gewinnt meistens, weil er den Willen und die Freiheit des Handelns auf seiner Seite hat. Aber die weißen Steine müssen für die schwarzen Steine soziale Verantwortung übernehmen.

Anna umgarnte Franz Josef mit allen ihren Liebreizen und war sicher, daß dieser Mann die beste Wahl ihres Lebens werde. Es war nicht nötig < *das verführerische Lumpetier zu spielen* >. Die sechsjährige Beziehung und Zuneigung erfüllten die alte Mettler Schattensilhouette mit dem hellen Licht der Liebe. Er hatte ihr geholfen, sich aus den armen Lebensverhältnissen einer Bauernmagd zu einer städtischen Mamsell zu mausern. Nun schmiegte sie sich an ihn und wollte, daß er sie heiratet.

Als Franz Josef 1901 die Ehe versprochen hatte, träumte Anna ein Mühlespiel. Sie sah auf ihrem < *Nüni-Schtei-Brett* > weiße Steine und schwarze Steine, die sie gekonnt und mit Weitsicht gespielt hatte. Die Sprungphase zeichnete sich schon ab. Am Rand des Spielbretts lagen die ausgeschiedenen Mühlesteine. Sie trugen das Gesicht des Pfarrers und des Kaplans, die der jungen Anna eine Fortsetzung der Schulbildung verweigerten. Die drei Mettler lagen daneben: Der ungestüme und treulose Franz sowie seine gierigen Eltern, denen Anna zu arm war. Vater Richard war aus dem Spiel geschieden, als er Anna auf den Mettlenhof verschachert hatte. Die Gesichter der toten Mutter und Schwester Marie waren weiß wie der Mehlstaub.

Es gab in diesem Mühlespiel drei erfolgreiche Zwickmühlen: Eine Großbasler Mühle mit Frau Alioth, Tochter Elisabeth und Stucki. In den weißen Steinen sah Anna die Kleinbasler Mühle ihrer jungen Familie Franz Josef und Anna Büche mit Kindern. Die altbewährte, offene Hotzenwälder Mühle bestand noch mit den beiden Schwestern und ihrer Freundin Berta. Das war eine besondere Spielstellung, in der sie sich sehr wohl fühlte.

Anna war im Gewitter aufgeschreckt. Der Sturm blies herein. Nicht der Lehrer und sie selbst waren jetzt die Mühle-Spieler. Das Licht und die Finsternis hatten ihre Spieler-Plätze erobert. Mit jedem Spielzug wechselten Tag und Nacht die Seiten. Die weißen und die schwarzen Steine lagen abwechselnd im Licht und im Schatten. Die Fliehkräfte zogen die Steine vom Brett. Das ganze Brettspiel rotierte wie ein Karussell. Das Leben und der Tod kämpften um das kreisende Spielbrett. Dann wachte Anna in einem Sommergewitter in der Markgräflerstaße auf. Sie stieg aus dem Bett und schloß den offenen Fensterflügel.

Ihre Kleinbasler Jahre

Frau Alioth hatte vermutet, daß ihre Mamsell Anna < hürote
würd >, ihren < *Ridikül packe* un *uf Glai-Basel übere züglet. S'
trompiert mi scho. Gopferdeckel, Kruzitürke, Schtärneblitz >*!
Denn Anna war ihr ein < *Bijou* >. Töchterchen Elisabeth war
bei ihr < *uf' ghobe* >. Anna bearbeitete mit ihr Hausaufgaben
aus der Primarschule und repetierte das Pensum Französisch.
Denn das Lernen war für Anna die beste Lebenseintrittskarte.
Auch Elisabeth stutzte, als sie vom Heiraten hörte. Frau Alioth
schloß nun mit Anna einen eher ungewöhnlichen Kompromiß.
< *Du ka'sch s Mamsellkämmerli bi uns b'halte un kaa' sch di
Arbet halbiere* >. Die eine Bedingung bleibe jedoch, daß sie
für Elisabeth und bei den Anlässen mit Gästen weiter komme.
Dann werde man sehen wie es mit der < *Halbmamsell* > gehe.
Das war für Anna ein Vertrauensbeweis. Sie willigte gern ein.

Die Kleinbasler Hochzeit wurde für den 18. September 1901
geplant. Franz Josef und Anna fuhren nach Wehr, um die
Familie Büche einzuladen. An Annas Vater schrieb er den Brief
für dessen Einverständnis, Anna zu heiraten. Die Einladung zu
ihrer Hochzeit in der Clarakirche schrieb Anna auf weißem
Büttenpapier, wie sie es oft bei Frau Alioth gesehen hatte:
Geladen waren Vater Richard, die Schwestern und der Lehrer.
Dabei ermunterte sie Steffane und Pauline, ihre schönsten
Trachten zu tragen. Modische Schuhe wolle sie ihnen in Basel
kaufen. Für sich kaufte Anna ein < *haute couture* > Brautkleid.
Auch der Lehrer bekam ihre Einladung auf dem Büttenpapier.
Die Teilnahme für die Dominikanerin Sens wurde abgesagt, da
sie sich auf die Mission in Schwarz-Afrika vorbereiten müsse.

Die Hotzenwälder kamen am Tag der Hochzeit. Sie fuhren von
Herrischried mit dem Postwagen nach Murg. Von dort reisten
sie dann mit der Eisenbahn zum Badischen Bahnhof in Basel.
Der Vater Richard und der Lehrer hatten ihre < *Fest-Montur* >
angezogen. Steffane und Pauline in Trachten mit der Haube.
Sie wurden bestaunt als sie ins < *Basler Trämli* > einstiegen
und bis zum Claraplatz fahren konnten. Besonders die beiden
Schwestern waren überwältigt: < *Um Himmels Gottes Wille* >
prustete Pauline mehrfach. Die Männer beobachteten den
Stadtverkehr. Die Frauen bekamen < *Fazenetli und die Bally
Schuhe* >. Richard < *e Sackuhr, e Gellerettli mit'm Goldkettli* >.

< *Die Hochziter* > zogen mit Orgelspiel in die Kleinbasler Clara
Kirche ein. Die Braut in ihrem < *haute couture* > Brautkleid,
Franz Josef hatte zur Feier des Tages einen Frack ausgeliehen.
Dem Brautpaar folgten Richard und Pauline, der Lehrer mit
Steffane, die alle in der Hotzenwälder Tracht gekleidet waren.
Dann folgten Berta mit Frieda sowie Karl Stucki mit Ursi und
Vreni und < *anderi Nase* >. Die Kirchenbesucher staunten
über die zünftige Hochzeitsgesellschaft. Dazu gehörten auch
Frau Alioth und Elisabeth, die Anna einen Blumenstrauß der
Familie Alioth überbrachte. Diese Geste erfreute Anna sehr,
und sie winkte nach der kirchlichen Trauung beiden froh zu.

Nach dem Segen bestiegen alle miteinander das < Trämli >.
Sie fuhren ins < *Gundeli-Casino* >, wo die < *haute cuisine* > zu
Hause war. Die < *Gundi-Chuchi* > kochte für die Hochzeitgäste
< *glacierte Ochsenbrust, Bouillonkartoffeln und Meerrettich* >.
Dazu tranken sie frisch gezapftes Warteckbier oder Fendant.
Am Nachmittag folgte ein weiterer Höhepunkt: Sie fuhren auf
die Rheinterrasse und aßen < feine *Patisserie im Cafe Spitz* >.

Karl Stucki rezitierte zum < *Plausch* > der Hochzeitgesellschaft < *in Glaibasler Baseldütsch* > das beliebte Gedicht vom Rhein, das der Dichter Dominik Müller seiner Stadt gewidmet hatte:

Der Rhy

Fir gwehnlig goht er kraftvoll still sy Wäg

Und prachtvoll grien (grün) an Summerdäg,

Er ruuscht vo Lyt und Zyte, wo verschwunde

Und macht sy mächtig Gnei (Knie) am Minster unde.

Erst, wenn er letzthi, us der Schwyz (letztlich)

Voll Daibi (Ärger) kunt, nimmt wider me Notyz

Vo syner Existänz und goht go luege,

Uff d' Rhybrugg oder d' Pfalz voll Wunderfitz,(Neugier)

Ob er ächt nonig bald gieng us de Fuege,

Und giggelet (guckt) am Pegel alli Pfitz. (jeden Augenblick)

Scho goht er im Glai-Basel iber d' Pfoschte,

Und vo den Alpe kemme Hiobsposchte. (Botschaften)

Er gschwillt und gschwillt, wir d bruun und gäggeligäl, (gelb)

Und Pfehl und Pfyler werde bruuchti Strähl, (Haarkämme)

Lueg wie n er daibelet (zornt) und iberboggt, (überbordet)

Drufflos schießt, gumpt und spritzt – kai Waidlig (Kahn) wogt,

kai Fähri sich, kai Dampfer uff sy Rugge: (Rücken)

Sie miend sich alli gschwind ans Ufer dugge,

Und vo dem Grobian ummeschupfe loh (herumstoßen lassen)

Und by sich hoffe, s' wird ihm bald vergoh! (vergehen)

Los wie n er macht! Lueg wie er schuumt (schäumt) vor Wuet

Um d' Bruggepfyhler (Brückenpfeiler) donneret sie Fluet!

Baumstämm, Verschleg und Stäg, verheiti (verfallene) Brugge.

Scho gaitscht (schwallt) er im Glai-Basel iber de Rand,

S' goht nimme lang: Er isch user Rand und Band!

S' stoht alles ummenand und luegt ihm zue.

Ainstwyle (einstweilen) mueß me en loh, ma ka nyt due,

lang ka sy Daibi (Teufelei) so uff kai Fall goh,

er isch no allewyl wider zu sich ko ...

E bizzeli Geduld, un wie ne brave Ma

Goht wieder er sy Wäg am Minster unde,

Und ruuscht vo Lyt und Zyte, wo verschwunde,

und nummen eppen Fremde luegt ihn a. (nur ein Fremder)

Nach der Hochzeit bekam der Baurevisor Büche eine eigene
Abteilung für die Bauschätzungen der Versicherung und hatte
auch Mitarbeiter für die Kontrollen bei allfälligen Aufträgen.
Denn die Geschäfte der Basler < *Füür-Versicherig* > liefen gut.
Anna bekam < *fascht e Graddel* >, denn die Aufnahme in der
Kleinbasler Ehrengesellschaft < *Zur Hären* > rückte näher. Ihr
Mann strahlte wie < e *Basler Bebbi* > mit dem Ausdruck eines
Basler Zunft-Herrn. Diese bauten ihre Stadt mit einem großen
< *Trämli-Netz* > und einundvierzig elektrischen Bogenlampen
für die Straßenbeleuchtung aus, wie es die Technik erlaubte.

Im Monat November bekam Anna ein < *Buscheli* >. Die kleine
Anni kam in der Markgräflerstraße auf die Welt. In der Freude
über das Kind veränderte sich das Leben Annas. Ihre bisherige
Alioth-Stelle als < *Halbmamsell* > war nicht mehr möglich. Sie
widmete sich ganz ihrer Familie und gab den Dienst bald auf.
Für Anna war dieser große Schritt wiederum verbunden mit
dem besten Spielzug auf ihrem Mühle-Spielbrett des Lebens.
Sie hatte dadurch ihre < *Nüni-Schtei in der Familie* > gesetzt.

Anna bestellte ihren Garten hinter dem Häuschen, pflanzte
Kartoffeln und Gemüse. Sie nutzte < Weck's *I' mach-Gläser* >.
Kaum konnte Anni laufen, kam der Sohn Otto auf die Welt. In
Abständen bis im Jahr 1911 folgten Fritz, Willi und dann Emil.
Sie brachte ihnen Kinderreime bei, erzählte ihre Geschichten
vom Hotzenwald, vom Schnee und < s' *Chinder Ofeschlupfe* >.
Mit Tagesreisen nach Großherrischwand führte sie die Kinder
ins harte Landleben. Richard hatte seine Pauline so erzogen,
daß sie die Landwirtschaft fast alleine umtrieb. Er trug seine
alte Pelzkappe und brannte oft < *Bräntz* > im Brenngeschirr.

Die ledige Pauline kam gern < *vom Wälder abe* > nach Basel. Im Rucksack brachte sie oft eine geräucherte Speckseite mit, um sie bei Anna für Bargeld zum Einkaufen zu tauschen. < *d' Jumpfere Pauline will wieder ihri Dessous abhole* > lästerte Franz Josef, als Anna mit ihr ins < *Magazin Globus* > ging, um < *s' G' schtältli un e neue Schurz z'* poschte >. < *We' mi unser Kaplan so a' luege tät* > plapperte die staksig-hagere Pauline am Schaufenster für Pariser Moden leise vor sich hin, < *dann wär's Fegfüür arg heiß* >. Worauf Anna launig parierte und ihr lachend ins Ohr flüsterte: < *Dann nimmt er di halt endlich! Nit nur als Huusere. Musch dr halt e schwarzi Corsettage mit em e lange Bändel chaufe, daß er dr nit immer no furt laufe cha* >. Pauline senkte den roten Kopf und sagte < *i bruuch jetzt no zwei Pfund Bohnekaffi und e Fläschli Kölnisch Wasser* >, um den jungen hochwürdigen Kaplan in ihrem Dunst zu halten.

Beim zweiten Besuch im Basel wollte Pauline mit den Kindern den Giraffenbullen im Zolli sehen. Sie glotzte das hochbeinige Vieh mit dem großen Hals an und bestaunte die lange Zunge. Dann ließ sie die Kinder als kleine Ministranten in einer Reihe antreten. Wie ein Klappmesser führte die < *verruckti Zaine* > einen < *bodentiefen Diener* > vor und senkte den Kopf nach Giraffenart zum Boden: < *Das isch jo so wie bim Herdöpfel uflese! Do schießt mr' s Blut au oft ins Hirni* ine >. Die Kinder lachten begeistert und übten Paulines < *Giraffendiener* >. Zum Schluß bestellte Pauline in der < *Zolli Beiz einen Holdrio* > und danach ein Bier. Sie setzte die Flasche wie ein Mann an. Das Bier < *gluggerte im usdörrte Hals* >. Sie soff es < *gluschtig* >. Als sie sich verschämt umsah, spottete Anna < *weisch, als Giraffekuh hesch meh Gaffer um di umme ka als bim suffe* >.

Die Ausgrenzung der Eigenossenschaft

Anna lehrte jedem ihrer Kinder das Prinzip des Mühlespiels.
Das Setzen bedeutet, die Gestaltung an einem bestimmten
Ort zu bestimmen. Die Züge der Steine öffnen Beziehungen.
Das Springen mit den letzten drei Steinen bedeutet Gefahr.

Annas Tochter Anni und alle Söhne besuchten nacheinander
die Primarschule. Anni und Otto gingen zur Sekundarschule.
Vor allem die kaufmännische Fragen und das Französische
lagen den beiden. Anna war nicht vermessen, für Anni eine <
höhere Töchter Schule > in Erwägung zu ziehen. Aber sie hatte
im Dienst bei Frau Alioth und auch am Beispiel von < Lissi >
erfahren, welchen gesellschaftlichen Schliff die gebildeten
Töchter der Basler Elite in einem < Lyzeum > bekamen. Denn
Elisabeth Alioth war nun im < Basler Daig > für den Sohn des
berühmten Basler Theologen Professor Vischer bestimmt.

Auch für ihre Söhne Otto und für Fritz hatte Anna Träume:
Otto könnte ein Studium anstreben. Fritz vielleicht sogar ein
Gewerbe in Kleinbasel gründen. Denn das Bürgerrechtsgesetz
von 1900 hatte die volle Integration der Neubürger im Blick.
Diese sollten auch Schweizer Militärdienst leisten. Franz Josef
könnte bei der Gesellschaft < zur Hären > seine Verbindungen
nutzen. Für Emil war noch genug Zeit, den Beruf zu planen.

Anna hatte nun die Höhepunkte ihres Basler Lebens erreicht.
< Soll und Haben > hatten sich in den Spielregeln eingespielt.
Dabei war ihr bewußt, daß es nicht die Gipfelhöhe sein kann.
Diese war nur den Basler Familien aus dem Daig vorbehalten.
In den Alpen baute die Basler Firma Alioth ein Kraftwerk und

elektrifizierte Bergbahnen für die neuen Zahnradlokomotiven.
Dr. Alioth bekam einen Ehrendoktortitel von der Universität
Lausanne verliehen. Zudem war er Oberst der Genietruppen.
Anna sprach mit ihren Kindern bewundernd vom Haus Alioth.
Dann endete ihr Satz oft < *weisch, d Frau Alioth het gsait!* >.

An einem schönen Festtagsnachmittag stand Anna mit ihren
Kindern auf der Mittleren Brücke, um das Jahrhundertereignis
der Basler Schifffahrt zu sehen. Viele schaulustige Besucher
schwenkten kleine Schweizer Fähnchen, die auf der Brücke
verschenkt wurden. An beiden Rheinufer standen wie am
Vogel Gryff Tag die Basler und bejubelten ein neues Schiff.
Der Schraubendampfer < *Justitia* > zog erstmalig stolz mit
schwarzem Rauch bis zum Basler Rheinknie den Fluß herauf.
Zur Feier des Tages der < *Basler Schifffahrt* > wurde laut Salut
geschossen. Da krachten Gewehrsalven am Kleinbasler Ufer.
Denn dort standen vom Gryffe Tag < *no alti G'schütz umme.*
Was glepft, e Schuß, was mag das wohl sy >, fragte Anna die
Kinder, die im donnernden Kanonenlärm Angst bekamen. Die
< *Justitia* > dampfte mit lauten Hornsignalen zur Rheinbrücke.
Alle Schiffsoffiziere salutierten am Oberdeck. Dann standen
die Festbesucher im schwarzen, bissigen Rauch der Kamine,
als das Schiff unter der Brücke fuhr. Die Männer grölten, die
Frauen husteten, die Kinder weinten. Das Schiff wendete im
großen Bogen am Rheinknie nach der Brücke. Kohlenrauch
überdeckte das Wendemanöver im Basler Zentrum. Es kam
Anna vor, als ob eine Schattenwolke aufzog. Minutenlang
stand das Schiff quer in der heftigen Strömung. Die hohen
Wellen im Kehrwasser spritzten über die Rheinterrassen. Die
Schaufelräder trieben in der Rheinkurve nahezu gegenläufig.

Viel Uferdreck wurde aufgeschwemmt. Der Schiffs-Bug drehte in die starke Strömung ein und nahm die Fahrt zur Brücke auf.

In den drei Vorkriegsjahren zum ersten Weltkrieg spaltete die gesellschaftliche Strömung fast den Rütlibund der Schweizer Eidgenossenschaft. Es kam zu politischen Versammlungen der streng nationalen Kreise mit dem Schweizer Ausruf < *mir sin freii Schwiezer* > und < *use mit de Waggis un de Schwoobe* >. Die Liberale Freisinnige Partei verlor in Basel ihre Mehrheit. Man sah Plakate für die < *Ausschaffung aus der Schweiz* > in der Stadt. Die Grenze baute sich in den nationalen Köpfen der Eidgenossen auf. Es gab in Basel ebenso einige gegenläufige Strömungen wegen der schnell wachsenden Kriegsgefahren. So für Humanität, Kriegsneutralität und für den Sozialismus.

Die Familie Büche litt unter dem schwelenden Nationalismus, der Anna wie ein Schicksalsschlag im Leben vorgekommen ist. Mit Beginn des ersten Weltkriegs wurde die Fremdenpolizei zur Kontrolle des fremden Bevölkerungsdrittels aufgebaut. Darauf konnte die Grenze nur noch mit einem Passierschein überquert werden. An den Grenzbaracken in den Sundgau und ins Wiesental wurden jetzt die Grenzgänger kontrolliert. Diese Grenzen waren der Beginn der Dreiteilung des bisher gemeinsamen Lebensraumes ohne Passpflicht am Rheinknie. Die Ausfuhr von Lebensmitteln und von Zeitungen wurde völlig verboten. Auch die < *Trämli uf Sä-Lui un Glai-Hünige* > standen still. Hofmeister Stucki war der Meinung < *das goht nit lang. D' Glai-Basler sin wie de Wildi Maa. Un d' Großbasler Daig het au no dra verdient. Wenn die Daig-Nase nüt me heusche könne, hört de Humbug ganz schnell wieder uf* >.

Die < *fremde Goofe* > wurden in der Sekundarschule isoliert.
Damit waren Annas Träume der guten Bildung für ihre Kinder
beendet. Lebensmittel wurden im Jahr 1917 rationiert. Anna
wußte, daß sie in die < *Sprungphase* > gekommen war. < *Jetzt
heißt' s gumpe, suscht isch's Spiel ganz verlore,* > mahnte sie.

Der gute Stucki organisierte < *zum Zügle* > einen Lastwagen,
auf dem sie ihren ganzen Plunder in das grenznahe Lörrach
fuhren. < *Bis das Durchenander ufhört* >, sagte er weitsichtig.
Sie kamen am Claraplatz an der Herbstmesse vorbei, wo ihre
Kinder früher < *uf de Rössleritie* > eine Runde fahren durften
und mit frohem Gesicht für einen < *Mässmogge* > abstiegen.
Es kam Anna so vor, als steige sie jetzt nach ihrer Basler Zeit
ebenfalls < *mit e me truurige G'sicht vo de Rössleritie abe* >.
Die Fremdenpolizei winkte sie ohne Passkontrolle durch die
Grenze < *Adieu Anna, numme use mit dene Schwoobekäfer* >.
Doch das Leben auf der deutschen Seite war recht mühsam.
Selbst mit der Basler Rente von Franz Josef. Die Wohnung in
der Lörracher Tumringerstraße lag nahe an der katholischen
Bonifaziuskirche. An Fronleichnam klangen die Glocken und
die Kirchenliturgie wie 27 Jahre zuvor in Herrischried. Anna
kam wieder in < *Richards Trauma von Armut, Hunger, Krieg* >.
Sie fuhren oft nach Herrischried, um bei der Bäuerin Pauline
Lebensmittel zu hamstern: Kartoffeln, Milch und auch Speck.
Die Schwester ernährte die < *hungrigen Lörracher Mäuler* >.

Hatte Anna jetzt das wichtigste Spiel in ihrem Leben verloren?
Der Nationalismus und der Krieg hatten ihre Stellung zerstört.
Ihr sogar das Spielbrett entzogen. Doch Anna gab nicht auf. Es
kamen nach 1918 < *andere Spielregeln* >, und Anna stellte ihr
Mühlespiel neu auf. Sie erinnerte sich an die Lehrerbotschaft.

Erinnerung an Basel

Alemannisches Gedicht   von Johann Peter Hebel

Z' Basel am mim Rhi, jo dört möchte i sy! Weiht nit d' Luft so mild und lau, und der Himmel isch so blau am mim liebe Rhi.

In der Münsterschuel, uf mim harte Stuehl, mag i zwor jetzt nüt meh ha, d' Töpli stöhn mer nümme a in de Basler Schuel!

Aber uf de Pfalz, alle Lüte gfallt's. O wie wechsle Berg und Tal, Land und Wasser überal, vo der Basler Pfalz.

Uf der breite Bruck, fürsi hi und zruck, nei, was sieht me Here stoh, nei, was sieht me Jumpfere go, uf de Basler Bruck!

Wie ne freie Spatz, uf em Petersplatz, flieg i um und s wird mer wohl, wie im Karmisol, uf em Petersplatz.

Uf der grüne Schanz, in der Sunne Glanz, wo n i Sinn und Auge ha, lacht's mi nit so lieblich a, bis go Sante Hans. (St. Johann)

Summervögeli jung und froh, ziehn de blaue Blume no. Alles singt und springt.

Und e bravi Frau wohnt dört usse au. Gunn Ich Gott e frohe Muet! Nehm Ich Gott in treui Huet, liebi Basler Frau (Alioth).

Das Nachspiel   Meine Uroma Anna

Beim Besuch als Kind bei den Lörracher Großeltern hat Uroma Anna (1875 – 1965) mit mir und allen Kindern Mühle gespielt. Sie bewohnte ein Mansardenzimmer über der großelterlichen Wohnung in der Lörracher Riesstraße. Im Sommer arbeitete sie im Gemüsegarten hinter dem Haus. Nur bei schlechtem Wetter oder im Winter saß sie in einem roten Ohrensessel in der Küche. Zu dieser Zeit war sie schon über 80 Jahre alt und hatte nur noch einen Zahn. Für Ärzte hatte sie bis dahin kein Geld gebraucht. Mit gescheitelten Haaren und einem kleinen < *Bürzi* > blickte sie dann die Kinder durch die Nickelbrille an.

Bei jedem Besuch wiederholte sie mit mir ein Zwiegespräch, als ob sie mit einem Mantra eine bleibende Weisung in das Gedächtnis des künftigen Erstklässlers einbrennen wollte:

< *Hans mein Sohn, was machst Du da?* > und ich antwortete im einstudierten Ritual in gewohnter Weise: < *Oma ich studiere* > und sie setzte das Wortspiel fort: < *Hans, mein Sohn, das kannst Du nicht!* > und ich bekräftigte mit fester Stimme: < *Oma ich probiere* >. Dann blickte sie freudig auf.

So wollte sie ihre Urenkel auf die Schule, auf das Lernen, und wenn möglich auf ein weiterführendes Studium vorbereiten. Denn die schulische und gesellschaftliche Bildung lagen ihr am Herz. Harte Weltkriege, Weltkrisen und Notzeiten hatten sie gehindert, ihren Kindern die höhere Bildung zu vermitteln.

< *Üben macht den Meister* >, sagte sie und ergänzte < *Mühle schult das Denken und forderte Gelassenheit beim Verlieren* >.

Am Röhrenradio, mit dem man auch den Schweizer Drahtfunk empfangen konnte, war der Sender Beromünster eingestellt, denn die Nähe zu Basel prägte ihr Programm. Sie freute sich auf eine < Trämli- oder Auto Ausfahrt > im geliebten Basel.

Der Lebensweg meiner Uroma Anna begann 1875 in einem strohgedeckten Haus in Großherrischwand. Sie wuchs in der Zeit der Russen-Grippe im katholischen Hotzenwald auf. Mit ihren drei Schwestern Pauline, Marie und Stefanie der Eltern Richard Keller (1837 – 1919) und Stefanie Marianne (1839 – 1891), aus Segeten fristeten sie ein karges, frommes Leben. Über ihre Brüder hatte die Familie seit der Mobilmachung in Mannheim um 1870 im Badischen Regiment Nr. 110 nichts mehr gehört. Da Hunger und Not in ihrem alten Hotzenhaus jahrzehntelang zugegen waren, traf die Landflucht auch Anna. Für die jüngste Tochter Pauline reichte die landwirtschaftliche Selbstversorgung. Nicht jedoch für Anna, Stefanie und Marie, die verstarb. Das Bargeld war in der Familie knapp bemessen.

Uroma Anna ging mit fünfzehn Jahren für 10 Mark Jahresgeld, die der Vater einstrich, in Stellung auf einen der Mettlenhöfe bei Gersbach und wollte den Jungbauer Franz gern heiraten. Bei einem Gewitter brannte im Jahr 1891 der Mettlenhof ab. Obwohl Uroma Anna unter eigener Lebensgefahr das Vieh rettete, hatte sie keine Chance in die Mettlen einzuheiraten. Sie entschloß sich dann als Dienstmädchen in Basel weiter zu arbeiten. Damit hat sie die kleinbäuerliche Welt verlassen.

Uromas Landflucht als siebzehnjähriges Dienstmädchen vom
Hotzenwald zu der großbürgerlichen Familie Alioth nach Basel
hätte ohne Referenz von Franz Josef Büche (1845 – 1929)
kaum Erfolg gehabt. Beim Kirchgang in Wehr lernte sie die
Familie Büche kennen, deren Sohn Revisionsbauschätzer bei
der Basler Feuerversicherung war. Diese erweiterte zu der
Zeit ihre Gebiete für die Auslandsversicherungen in Baden.
Die junge Anna begleitete den Baurevisor Franz Josef schon in
ihrer Mettler Dienstmagdzeit in den Hotzenwald, denn es war
eine angenehme Abwechslung, das stattliche Mannsbild mit
einem Glasauge in ihrer Hotzenwälder Heimat zu begleiten.

Unter dem Junior Dr. Ludwig Alioth, einem Basler Tüftler und
Verwaltungsrat der Basler Feuerversicherung, war Uroma als
Hausmädchen am Basler Nadelberg tätig. Die Familie Alioth
gehörte zu den Basler Leuten, die man als < *Basler Daig* >
bezeichnete und auch die gesellschaftliche Kontakte mit den
Basler Patriziern hatten, die das Haus Alioth gern besuchten.
Eine runde Nickelbrille und die Aneignung des recht hohen,
hart klingenden Großbasler Edeldialekts machten aus dem
Bauernmädchen Anna eine städtische < *Mamsell* >, die das
Stadtleben genoß. Durch das Bestreben von Frau Alioth und
deren Tochter Elisabeth profitierte Uroma an brauchbarem
Wissen, was sie gelegentlich zum geflügelten Wort < *weisch,*
d'Frau Alioth het gsait > stilisierte. Die sogenannte < *Mamsell*
Anna >, die stets den älteren Bauschätzer in den Hotzenwald
begleitet hat, war ihm auch eine berufliche Gedächtnisstütze.
Selbst Schwester Pauline wurde in das Informationssystem
auf dem Hotzenwald einbezogen, die oft die neuen < *Feuer-*
Brandgerüchte über den Hotzenblitz > zuerst erfahren hatte.

Nach dem Tod seiner ersten Frau heiratete Franz Josef am 18. September 1901 Uroma Anna. Sie wohnten in Kleinbasel zwischen dem Badischen Bahnhof und der Drei-Rosen-Brücke, wo viele badische Dienstleute und viele Handwerker lebten. Im Jahr 1901 kam meine Oma Anni in Basel zur Welt, die eine gute Schulbildung an der Schweizer Mädchen Sekundarschule erhalten hat, wie ihr Schulzeugnis im Jahr 1916 ausweist. Für ihre jüngeren Brüder Otto, Fritz, Willi und Emil reichte der gute Verdienst der Familie auch zum Schulgeld in Kleinbasel.

Die Büches wurden im 1. Weltkrieg 1917 aus dem Kleinbasler Leben ausgegrenzt. In Folge von Nationalismus, Rationierung der Lebensmittel, Unruhen, Sozialabbau, Landesstreik und dem Mangel an Rohstoffen in der Schweiz wurde die Familie < *ausgeschafft* >. Sie zog kriegsbedingt ins deutsche Lörrach.

Uromas Schwester Pauline in Großherrischwand trieb das kleine bäuerliche Gehöft nahe dem Herrischrieder Museum Klausenhof nach Vater Richards Tod 1911 fast alleine um. Sie vererbte den Hof im Jahr 1951 auf dem Sterbebett der Kirche.

Ihre Schwester Stefanie ging 1893 als Dienstmädchen in eine Stellung, sparte 7 Jahre lang, um auszureisen. Sie starb 1933.

Der begehrte Franz Mettler verkaufte im Jahr 1921 seinen Hof in großen wirtschaftlichen Nöten an die Gemeinde Gersbach.

Uroma Anna zog nach dem Tod von Uropa Franz Josef Büche (1929) im Jahr 1932 in die Wohnung meiner Großeltern Fritz und Anni in der Riesstraße in Lörrach und war bemüht, ihre Enkel ausreichend zu versorgen. Sie starb fast 90-jährig im heißen Sommer 1965 an Blinddarmentzündung in Lörrach.

Uroma Anna und Uropa Franz Josef

in Basel im Jahr 1912

Dank

Meine Uroma selbst und meine Vorfahren erzählten mir ihre Lebensgeschichte: Annas Herkunft aus dem Hotzenwald. Ihre Zeit als Magd auf dem Mettlenhof. Dann in Basel als Dienstmädchen; vertraute Mamsell bei einer Basler Industriellenfamilie am Nadelberg. Ihre eigene Familiengründung in Kleinbasel mit Franz Josef Büche, meinem < stattlichen Uropa > aus Wehr. Im ersten Weltkrieg die herbe Vertreibung aus Basel in der Schweizer Notzeit und im Basler Nationalismus.

Ich danke zwei langjährigen Studienfreunden für die wertvollen Anregungen. Herrn Zentralstellendirektor Dr. Hermann Bolz, Neustadt an der Weinstraße, und Herrn Forstdirektor Manfred Maier, ehemaliger Leiter der Staatl. Forstverwaltung in Ellwangen, Rosenberg und Abtsgmünd. Beide haben den Fortschritt meiner Anna-Novelle mit wertvollen Ratschlägen begleitet.

Ich danke meiner eigenen Familie in der sogenannten Regio Basiliensis, in Basel-Lörrach-Weil am Rhein für < mi Alemannisch >, also meinen heimischen Dialekt, der bis heute in meiner Verwandtschaft gepflegt wird. < Mir schwätze halt mitenander unser Alemannisch >.

Glossar Alemannisch

Ab'gloffe	Abgelaufen
Basler Daig	Patrizierschicht in Basel
Buschber Maidli	ein aufgewecktes Mädchen
Buscheli	Kleinkind
Butter Model	hölzerne Butterform
Butze, Glätte	Putzen, Bügeln
Büggse , Hemli	Hose und Hemd
Bürzi	Nackenknoten der Haare
Chaiselongue	Polstersofa, Ottomane
Chind	Kinder
Chöme, Chum	Kommen, komm
Chummet	Zugzeug am Hals
Cafi Träsch	Kaffee mit Schnaps
Cafe Spitz	Noble Konditorei am Rheinufer
Chaise	Kutsche
Chratte	Korb, Wiegenbett
Chäschuchi	Käserei

Dalbenesich	elitärer Groß-Basler Dialekt
Dischkutatione	Auseinandersetzungen
Dobe	Hände
Döbere	Schimpfen
Dölge	Kerben, Druckstellen
Dunderet	gedonnert
Dunderschieß, Sapperlot	Ausruf mit Respekt
Fazenetli	Taschentücher für Frauen
Fauteuil	Ohrensessel
Fürtuch	Brusttuch der Tracht
Fläsche Bräntz	Flasche Schnaps
Fiertig	Feiertag
Gellerettli	Kleine Taschenuhr
Glai-Basel	Kleinbasel
Gluggere	rauschen
Gluschtig	genüßlich
Graddel	Stolz, Einbildung
Goofe	Kinder

Gotts Willche	seid willkommen
G'schtältli	Miederwaren
Gumpe	springen
Gumsle	Verruchtes Weib
Gügsi, Gäägsnase	Backfische, Mädchen
Haafekääs	Stumpfsinn, Käse
Heusche	Abzocken
Heuet	Heuernte
Holdrio	Hagebuttetee mit Zwetschgebrand
Holzchästli	Kleine Holztruhe
Hotzenblitz	Seltsame Brände bei Gewitter
Hotzenwald	Region im Südschwarzwald
Knaster	Billiger Tabak
Loose	zuhören
Lumpetier	Verführerin
Lumpediddi	Leichte Mädchen
Luus-Cheib	Lausejunge
Mamme un Babbe	Mama und Papa

Mamsell	Dienstmädchen im Haushalt
Matte maihje	Wiesen mähen
Mehlsuppe und Prägel	Brennsuppe und Bratkartoffeln
Mässmogge	Bonbon in langer Form
Mettlerhof, Mettlen	Hofgut über dem Wehratal
Mumpfle	verzehren
Mumpitz	Unsinn
Montur, Samttschobe	Hotzenwälder Tracht
Mölli	Kopf
Neume ane goh	auf Besuch gehen
Nümmi, numme	nicht mehr, nur noch
Nüni-Schtei	Mühlespiel (neun Steine)
Öpfelwaie, Öpfelbabbe	Apfel-Tarte, Apfelbrei
Pur passe le temp	zum Zeitvertreib
Plunder zügle	Umzug des Hausrats
Prägel	Kartoffelgericht
Ridikül	Handtasche
Rössleritie	Kinderkarusell

Rösslitram	Pferdestraßenbahn
Rhygass	Rheingasse
Schniedesel	Ziehmesser auf Sitzgestell
Schmöker	Altes Lesebuch
Surkrut und Schlempe	Sauerkraut, Kraut
Schühhut	Strohhut
Stege	Treppe
Schnädere	schwätzen
Schnäppere	schnalzen lassen
S ka dr in Garte wachse	es könnte sich ereignen
Säutod	Hausmetzger
Scheiche	Beine
Schlempekrut	Kraut
Schiffländi	Schiffsanlegestelle
Schofelige Siech	Gemeiner Kerl
Schmützli	Küsschen
Stumpen	Schweizer Zigarren
Schwoobekäfer	Spitzname für Deutsche

Sottigi	solche
Ifer im Tenn	Obere Wageneinfahrt im Hof
Trämli	Basler Straßenbahn
Tschäpel	kugelartiger Kopfschmuck
Tschuderheul	ungepflegte Frisur
Tubakspfifli	Tabakspfeife
Tschuderet mi	frieren, grausen
Totentanz	Historische Pestbilder in Basel
Usschaffe	Ausweisen aus der Schweiz
Usdörrte Hals	trockener Mund
Verruckti Zaine	Ausgelassene Frau
Fisimatenten	Umstände. Unsinn
Waggis un Schwobe	Elsäßer und Badener
Währschaft	gediegen
Wiesbaum	Längsbaum auf dem Heuwagen
Weisch	Aufgepasst!
Wösch	Wäsche
Zaschter	Geld